O *delírio amoroso*
& outros poemas

BOCAGE

O delírio amoroso
& outros poemas

Introdução e seleção de JANE TUTIKIAN

www.lpm.com.br

Coleção **L&PM** POCKET, vol. 382

Texto de acordo com a nova ortografia.

Primeira edição na Coleção **L&PM** POCKET: setembro de 2004
Esta reimpressão: junho de 2011

Introdução e seleção: Jane Tutikian
capa: Ivan Pinheiro Machado. *Foto*: Ivan Pinheiro Machado, "Psyché ranimée par le baiser de l'Amour" de Antonio Canova (1757-1822), Museu do Louvre, Paris.
revisão: Flávio Dotti Cesa, Antônio Falcetta e Renato Deitos

ISBN 978-85-254-1197-6

B664d   Bocage, Manuel Maria Barbosa du, 1765-1805.
          O delírio amoroso e outros poemas / Manuel Barbosa du Bocage; introdução e seleção de Jane Tutikian. – Porto Alegre: L&PM, 2011.
          176 p. ; 18 cm. – (Coleção L&PM POCKET)

          1.Literatura portuguesa-poesias. 2.Tutikian, Jane. I.Título. II.Série.

                         CDD 869.1
                         CDU 821.134.3-1

Catalogação elaborada por Izabel A. Merlo, CRB 10/329

© da introdução, L&PM Editores, 2004.

Todos os direitos desta edição reservados a L&PM Editores
Rua Comendador Coruja 314, loja 9 – Floresta – 90.220-180
Porto Alegre – RS – Brasil / Fone: 51.3225.5777 – Fax: 51.3221-5380

Pedidos & Depto. Comercial: vendas@lpm.com.br
Fale conosco: info@lpm.com.br
www.lpm.com.br

Impresso no Brasil
Inverno de 2011

SUMÁRIO

Bocage, um poeta entre fronteiras / 11

O DELÍRIO AMOROSO E OUTROS POEMAS

Sonetos eróticos

I. Proposição das ritmas do poeta / 23
II. O autor aos seus versos / 23
IV. Contra a ingratidão de Nise / 24
V. Insônia / 25
XII. O poeta distante da sua amada / 25
XIII. Recordando-se da inconstância de Gertrúria / 26
XVI. Convite a Marília / 27
XVII. A Gertrúria ausente / 27
XVIII. À mesma, receoso da sua constância / 28
XXI. Receios de mudança no objeto amado / 29
XXII. Achando-se avassalado pela formosura de Jônia / 29
XXV. Recordações de Marília ausente / 30
XXVI. Descrevendo os encantos de Marília / 31
XXVIII. O templo do Ciúme / 31
XXX. Recreios campestres na companhia de Marília / 32
XXXI. Desenganado do Amor e da Fortuna / 33
XXXVIII. Feito na prisão / 33
XLII. Despedindo-se da Pátria, ao partir para a Índia / 34
XLIII. À morte de uma formosa dama / 35
XLVI. Queixas contra a ingratidão de Marília / 35
XLVII. Descreve as suas desventuras, longe da Pátria e de Gertrúria / 36
L. Insônia / 37

LI. A Camões, comparando com os dele os seus próprios infortúnios / 37
LIII. Lastimando-se da ingratidão de Nise / 38
LIV. O Ciúme / 39
LVII. Saudades de Gertrúria / 39
LVIII. Ao partir para a Índia, deixando em Lisboa a sua amada / 40
LX. A Razão dominada pela Formosura / 41
LXI. Queixumes contra os desprezos da sua amada / 41
LXIII. Recordações de uma ingrata / 42
LXVI. Delírio amoroso / 43
LXVII. Deplorando a morte de Nise / 43
LXXI. Invocação à Noite / 44
LXXV. Retrato de uma formosura esquiva (Improvisado) / 45
LXXX. Na solidão do cárcere / 45
LXXXII. Glosando o mote: "Morte, Juízo, Inferno e Paraíso" / 46
LXXXVII. Glosando o mote: "A Morte para os tristes é ventura" / 47
XCIV. Às mãos de Marília / 47
XCVI. O Tempo oferece ao poeta seu auxílio contra Amor / 48
XCIX. Cedendo a seu pesar à violência do Destino / 49
C. Queixumes contra a mudança de Marília / 49
CII. Pede a Marília consolações contra a rudeza dos Fados / 50
CIX. Insuficiência dos ditames da razão contra o poder de Amor / 51
CXIV. Incertezas sobre a fidelidade de Anália ausente / 51
CXIX. O Poeta encadeado a seu pesar em novos laços / 52
CXXI. A estância do Ciúme / 53
CXXVI. Descrevendo uma noite tempestuosa / 53
CXXVII. À memória de Ulina / 54

CXXXII. Variedade dos efeitos do Amor / 55

CXXXIII. Notando insensibilidade na sua amada / 55

CXXXIV. Vendo-se preso nos laços de uma dama venal / 56

CXXXVIII. Refletindo sobre a instabilidade da condição humana / 57

CXL. À infidelidade de Nise / 57

CXLII. À Morte, único refúgio contra as perseguições da Sorte / 58

CLIX. Às lágrimas de Anália (Escrito no último período da sua final moléstia) / 59

CLXI. À mesma / 59

CLXII. Despedidas ao Tejo / 60

Sonetos morais e devotos

I. A constância do sábio superior aos infortúnios / 61

II. Vendo-se longe da pátria, e perseguido pela fortuna / 61

III. Tentativa de suicídio, combatida pelas lembranças da eternidade / 62

V. Abandonando-se aos azares da Fortuna / 63

VI. Deprecação feita durante uma tempestade / 63

VII. Conformando-se com os reveses da sorte / 64

VIII. Vendo-se acometido de grave enfermidade / 65

IX. O Poeta lutando contra o infortúnio / 65

XII. A existência de Deus, provada pelas obras da Criação / 66

XIV. Afetos de um coração contrito / 67

XX. Invocando o amparo da Virgem Santíssima / 67

XXI. Glosando o mote: "Morte, Juízo, Inferno e Paraíso" / 68

XXIII. Deplorando a solidão do cárcere / 69

XXVI. Contra os que negam o livre-arbítrio nas ações humanas / 69

XXVIII. Vendo-se exposto a tribulações imerecidas / 70

XXXII. Vendo-se encarcerado e solitário / 71

XXXIII. Ao mesmo assunto / 71
XXXV. Descreve os seus tormentos no cárcere / 72
XXXIX. Protesta pela sua inocência, agredida por detratores invejosos / 73
XLIII. O retrato de Deus, desfigurado por ministros embusteiros / 73
XLVII. Abalado por funestos pressentimentos, colhidos em alheios sucessos / 74
XLIX. Sentimentos de contrição, e arrependimento da vida passada / 75
L. Ditado entre as agonias do seu trânsito final / 75

Sonetos heroicos e gratulatórios

IV. Em louvor do grande Camões / 77
VI. Ao grande Afonso de Albuquerque / 78
VIII. Ao Dr. José Tomás Quintanilha / 78
X. Na morte do Sr. D. José, Príncipe do Brasil / 79
XII. À decadência do Império Português na Ásia / 80
XIV. À lamentável catástrofe de D. Inês de Castro / 80
XV. As predições de Adamastor realizadas contra os portugueses / 81
XLVIII. À intrepidez do Capitão Lunardi / 82
LII. Contra o despotismo / 82
LIII. Aspirações do Liberalismo, excitadas pela Revolução Francesa, e consolidação da República em 1797 / 83
LIV. Reprodução do antecedente, estando o Autor preso / 84

Sonetos joviais e satíricos

XXII. Retrato próprio / 85
XXIII. Segundo retrato / 85

XXVII. Descreve uma sessão da "Academia de Belas-Letras de Lisboa", mais conhecida pela denominação de "Nova Arcádia" / 86
XXVIII. Aos sócios da Nova Arcádia / 87
XXXIII. À Nova Arcádia / 87
XLIII. Ao Padre Joaquim Franco de Araújo Freire Barbosa / 88
XLIV. Ao mesmo / 89
L. A um célebre mulato Joaquim Manuel, grande tocador de viola e improvisador de modinhas / 89
LI. Ao mesmo / 90
LXII. Feito num intervalo da sua final moléstia / 91

Odes

III. Ao Senhor André da Ponte do Quental e Câmara / 92
IV. Alegórico-moral: o quadro da vida humana / 95
VIII. Ao Ex.mo Senhor Luís de Vasconcelos Sousa Veiga Caminha e Faro, etc. / 98
XIII. À Santíssima Virgem a Senhora da Encarnação / 102
XXIV. Ao Senhor Nuno Álvares Pereira Pato Moniz / 104

Canções

I. O Adeus / 108
II. O Ciúme / 110
III. O Desengano / 114
IV. O Delírio Amoroso / 117

Cantatas

II. À morte de Inês de Castro / 121
VI. No dia natalício da Sereníssima Princesa D. Maria Teresa / 127

Elegias

À trágica morte da Rainha de França, Maria Antonieta / 130

Idílios

II. A Nereida / 134
VI. Lênia / 139
VIII. Flérida / 143

Epístolas

Elmano a Gertrúria / 150
Elmano a Josino / 156
A Márcia / 161
A Anália / 164
Epístola a Marília / 168

BOCAGE, UM POETA ENTRE FRONTEIRAS

Jane Tutikian*

Se é possível falar em um homem entre fronteiras, esse homem é Bocage: o das anedotas sujas e criações obscenas ao lado de poemas sensíveis, plenos de confissões amorosas, amargura e sofrimento, e mais: um homem situado entre dois mundos, entre as regras rígidas de um Arcadismo decadente, refletindo um mundo racional, ordenado e concreto, e a liberdade de um Romantismo ascendente, quando a literatura se abre à individualidade e à renovação. Bocage é um homem do seu tempo e à frente do seu tempo.

Tomando-se o dado histórico, tem-se que o século XVIII é marcado por uma movimentação social definida, predominantemente, pela classe burguesa: seu surgimento com a Revolução Industrial, sua ascensão, contrariando o absolutismo real, e seu fortalecimento econômico e político, cujo ponto culminante é a Revolução Francesa, implicam, enfim, a derrocada da aristocracia e o estabelecimento de uma nova mentalidade embasada no Liberalismo. Em outras palavras, é o século que se encaminha ao governo forte, iluminista, a uma nova concepção de

---

* JANE TUTIKIAN é doutora em Literatura Comparada pela Universidade Federal do Rio Grande do Sul (UFRGS) com pós-doutorado na Pontifícia Universidade Católica do Rio Grande do Sul. Leciona Literatura Portuguesa e Luso-Africana na UFRGS. Organizou diversos volumes de poesia portuguesa e é autora de várias novelas, entre as quais *A cor do azul* (2005).

vida, respaldada na livre iniciativa, na livre concorrência e na destruição das rígidas barreiras entre as classes sociais.

Nesse contexto, as manifestações artísticas que refletem a ideologia da classe aristocrática cedem seu lugar à expressão de uma jovem sociedade burguesa. O século XVIII é, então, o século do Arcadismo, mas é, também, em seu final, o da consolidação do Romantismo junto ao público europeu.

Esse é o tempo de Manuel Maria l'Hedoux Barbosa du Bocage, segundo filho do advogado José Luís Soares Barbosa e de Mariana Joaquina Xavier Lestof du Bocage, que nasce em Setúbal, em 15 de setembro de 1765.

Aos dezesseis anos, o jovem e brilhante Manuel Maria é já militar em sua cidade natal, trocando-a, em 1783, por Lisboa, ao alistar-se no corpo da Marinha Real. A ideia, entretanto, de um futuro promissor logo se desfaz em favor da sedução da ociosidade dos botequins e de uma vida de boêmia, por onde circulam fidalgos e frades alucinados, gente de vida fácil e amores incontáveis: de Marília, Tirsália, Jônia, Nise, entre outras, até chegar a Gertrude, a Gertrúria da Arcádia. É quando os poemas de especial sensibilidade surgem, lado a lado, com as improvisações não raro obscenas.

É por amor a Gertrude que, em 1786, Bocage parte para a Índia, com passagem pelo Rio de Janeiro. Vive dois anos em Goa, dois anos de grande decepção com *a pior* das terras, a que chama de *esta república de loucos*, de profundas saudades de Portugal, da *margem deleitosa* do Tejo e, sobretudo, de enlouquecedor ciúme de Gertrude –

Temo que a minha ausência e desventura
Vão na tua alma, docemente acesa,
Apoucando os excessos da firmeza,
Rebatendo os assaltos da ternura:

Temo que a tua singular candura
Leve o tempo fugaz, nas asas presa,
Que é quase sempre o vício da beleza,
Gênio mudável, condição perjura:

Temo; e se o fado mau, fado inimigo,
Confirmar impiamente este receio,
Espectro perseguidor, que anda comigo,

Com rosto alguma vez de mágoa cheio,
Recorda-te de mim, dize contigo:
"Era fiel, amava-me, e deixei-o".

–, vivendo uma espécie de predestinação sentimental e trágica dentro do modelo camoniano, que tomou para si. *Camões, grande Camões, quão semelhante/ Acho teu fado ao meu, quando os cotejo! Igual causa nos fez perdendo o Tejo/ Arrostar co sacrilégio gigante.* Aliás, o paralelismo da sua vida com a de Camões foi uma obsessão bocagiana: *Nem lhe amo a glória, nem lhe invejo a sorte:/ Invejo-te, Camões, o nome honroso* ou *Modelo meu tu és... Mas, oh tristeza!.../ Se te imito nos transes da ventura,/ Não te imito nos dons da natureza.*

Em 1789, promovido a tenente de infantaria, é colocado em Damão, mas, apenas dois dias depois da chegada, deserta. E após um breve envolvimento com uma mundana famosa, Ana Jacques Manteguí, parte para Macau, quando conhece, ao lado da nostalgia da pátria, e da ausência de Getrude – *Adeja, coração, vai ter aos lares,/ Ditosos lares, que Gertrúria pisa; [...] Dize-lhe , que do tempo o leve giro/ Não faz abalo em ti, não faz mudança,/ Que ainda lhe és fiel neste retiro* –, a miséria.

Finalmente, em 1790, com 25 anos, Bocage consegue ajuda para regressar a Lisboa, onde a predestinação se confirma: vive a grande desilusão de encontrar a amada Gertrude casada com o seu irmão mais velho. Daí a retomar a vida boêmia e desregrada, entre botequins e tertúlias, foi apenas um passo.

A novidade fica por conta do ingresso na Academia Literária Nova Arcádia, cujos encontros são realizados nos salões da casa do conde Pombeiro. Não tarda, entretanto, para que essas *quartas-feiras de Lereno* sejam satirizadas pela irreverência do seu temperamento, e nisso Bocage é implacável. Primeiro, ataca seu presidente, depois, os seus pares mais notáveis; trava-se, então, uma verdadeira guerra verbal e os insultos beiram à obscenidade.

Em 1791, Bocage publica o primeiro tomo das *Rimas*, firmando a sua reputação poética, mas as composições satíricas e eróticas continuam a desferir profundos golpes na moral, na política e na religião vigentes. A situação torna-se insustentável, o poeta é expulso da Nova Arcádia e, três anos mais tarde, em 1797, é preso e processado pelas irreverências antimonárquicas e anticatólicas, acusado por conspirar contra a segurança do Estado e pela autoria de *papéis ímpios, sediciosos e críticos*. Primeiramente recolhido à cadeia do Limoeiro, é, depois, por influência de amigos e mediante muitas súplicas e retratações, transferido para o mosteiro de São Bento e deste para o mosteiro dos Oratorianos. Retira-se a acusação contra o Estado, permanecendo apenas contra a religião, o que é considerado um delito de menor gravidade.

O ano de 1799 marca o regresso do poeta à liberdade, quando se entrega ao álcool, ao tabaco e ao trabalho, publicando o segundo tomo de *Rimas*. Já, então, os excessos de toda a sua vida se fazem sentir e um aneurisma coloca-o, definitivamente, no leito. Em 1804, é publicado o terceiro volume de *Rimas* e, um ano mais tarde, em 21 de dezembro de 1805, aos 40 anos, Bocage morre em Lisboa. Diz-se que reconciliado com seus inimigos e com Deus, mas dificilmente reconciliado consigo próprio. *Folgará de viver, quando não passa/ Nem um momento em paz, quando a amargura,/ O coração lhe arranca e despedaça?// Ah! Só deve agradar-lhe a sepultura/ Que a vida para os tristes é desgraça/ "A morte para os tristes é ventura"*. Foi um desadaptado na vida e no tempo. O Elmano Sadino – este foi o pseudônimo adotado por Bocage na Nova Arcádia; Elmano é anagrama de Manoel, e Sadino, aquele que mora perto do rio Sado, que passa em sua cidade natal – é um romântico por temperamento.

Didaticamente apontam-se três fases para a poesia bocagiana: a da mentira arcádica, a da confissão amorosa escrita sob as regras árcades e a dos poemas curtos, de sofrimento e morte. Na verdade, as três se interpenetram. Pela capacidade, Manuel Maria du Bocage está à frente dos escritores do seu tempo, mas representa bem o Arcadismo pelo domínio do lirismo geral e amoroso de sua poética.

Em se tratando de Arcadismo, não há como não citar *O Verdadeiro método de estudo*, de Verney, que pretende ser um manual de comportamento socioeconômico, a própria codificação do Iluminismo. Ao referir-se à literatura, ele visualiza o intelectual em relação à sociedade e vice-versa, resultando, daí, a função pedagógica da poesia que, através do belo, pode ensinar o indivíduo.

O gosto coletivo está voltado para o racional. Seu lema é a *inutilia truncat*, que restabelece os velhos princípios da poesia e da retórica: as regras do bem compor. Retiram-se o excesso, a metáfora e a expressão distorcida e conflituada que não correspondem ao momento vivido, e a poesia se volta para os ideais de harmonia e clareza, para a inspiração clássica. O belo é o antimetafórico, o antiparadoxo. O belo é o verdadeiro porque é o natural filtrado pela razão. Essa é a base do ideário neoclássico do século XVIII. A função do poeta é estabelecer, em cânones harmoniosos, simples e diretos, a dinâmica da vida. A criação individual torna-se coletiva através das leis convencionais de criação artística. Assim, a poesia árcade é a da vida simples, bucólica, do desprezo ao luxo, do louvor à espontaneidade primitiva em uma natureza e em um tempo imaginários.

Embora dominasse as regras da poesia árcade, o temperamento irrequieto e insatisfeito de Bocage fez com que se afastasse dela quando quis. Na verdade, ele é a personalidade mais representativa de uma crise que, mais do que gosto e estilo, atinge o próprio teor da vida literária e os preceitos arcádicos e iluministas.

Cenários campesinos, pastores apaixonados, alienados da realidade e do tempo, imersos no mundo mitológico de uma imaginária Grécia pastoril compõem tematicamente parte de sua produção poética, enquanto, paralelamente, contrária a toda a postulação árcade, expressa, também, uma poesia emocionalmente entranhada, refletindo problemas pessoais de amor desventurado, de homem torturado pela vida e pelo medo da morte.

Homem de sentimentos desmedidos, irritadiço, insatisfeito com a ideologia político-religiosa, impulsivo e ciumento, Bocage projeta-se inteiro em sua criação. Cultiva a poesia satírica e a lírica, em forma de idílios, enaltecendo a vida rústica bem ao gosto árcade, odes, em que se destacam as dirigidas à Virgem Santíssima, epigramas, canções amorosas com excessivo apoio mitológico, cantatas, cançonetas, epístolas etc. São, entretanto, os sonetos o ponto mais alto da inspiração poética, o que melhor expressa a dimensão do talento e o que melhor evidencia a trajetória estética e humana de Bocage: dos preceitos árcades à liberação dos sentimentos reprimidos ou egotistas, coincidentes com um Romantismo em ascensão.

Ao longo dos sonetos, e há mais de 400, a par dos satíricos, existe um percurso definido cujo ponto inicial é marcado pela Arcádia e daí para a confissão amorosa e amarga, mas ainda presa à alegorização, à mitologia, à contenção racional, uma libertação que não é, enfim, total. Assim, pode-se dizer que predomina, no conjunto da obra, o impulso romântico sobre reminiscências neoclássicas, onde, via de regra, o poeta não consegue desvincular-se da fraseologia árcade e da influência camoniana.

Há, em Bocage, a superposição de diferentes estruturas que se contrapõem num conflito íntimo, a luta entre o sentimento e a razão –

> Sobre estas duras, cavernosas fragas,
> Que o marinho furor vai carcomendo,
> Me estão negras paixões n'alma fervendo
> Como fervem no pego as crespas vagas:
>
> Razão feroz, o coração me indagas,
> De meus erros a sombra esclarecendo,
> E vás nele (ai de mim!) palpando, e vendo
> De agudas ânsias venenosas chagas:
>
> Cego a meus males, surdo a teu reclamo,
> Mil objetos de horror coa ideia eu corro,
> Solto gemidos, lágrimas derramo:
>
> Razão, de que me serve o teu socorro?
> Mandas-me não amar, eu ardo, eu amo;
> Dizes-me que sossegue, eu peno, eu morro.

–, embora seu temperamento seja romântico. Aliás, o próprio Elmano Sadino, da Nova Arcádia, apesar dos traços arcádicos e dos traços iluministas, já deixa transparecer esse temperamento.

Quer dizer, há, em sua poesia, a temática opaca da Arcádia, mas há, também, a complicação conceitual da angústia temática de um poeta condenado entre a razão que equilibra e o sentimento que desequilibra. Daí a poesia de horror, soturna, noturna, carregada de maus presságios que, ao mesmo tempo em que caracteriza a cosmovisão de Bocage, serve de prenúncio da psiquê romântica. É a matéria psicológica que contrapõe ao equilíbrio e à impessoalidade neoclássicos, é o sentimento agudo da personalidade, o desenraizamento, a solidão –

Já sobre o coche de ébano estrelado
Deu meio giro a noite escura e feia;
Que profundo silêncio me rodeia
Neste deserto bosque, à luz vedado!

Jaz entre as folhas Zéfiro abafado
O Tejo adormeceu na lisa areia;
Nem o mavioso rouxinol gorjeia,
Nem pia o mocho, às trevas consumado:

Só eu velo, só eu, pedindo à sorte
Que o fio, com que está minha alma presa
À vil matéria lânguida, me corte:

Consola-me este horror, esta tristeza;
Porque a meus olhos se afigura a morte
No silêncio total da natureza.

–, o horror ao aniquilamento da morte, o desespero deflagrado pela consciência da finitude. *Meu ser evaporei na lida insana/ do tropel de paixões que me arrastava: / Ah! Cego eu cria, Ah! Mísero eu sonhava/ Em mim quase imortal a essência humana.*

O egocentrismo redundando numa poesia de emoção e de confissão termina por afastá-lo do policiamento da razão e da concepção poética da Arcádia, colocando em evidência um poeta de estirpe metafísica, angustiado com a universalidade e a perenidade de conflitos sentimentais, mas também ideológicos: *Liberdade, onde estás? Quem te demora?/ Quem faz que o teu influxo em nós não caia/ Por que (triste de mim)! por que não raia/ Já na esfera de Lísia a tua aurora?// Da santa redenção é vinda a hora/ A esta parte do mundo que desmaia./ Oh! Venha...Oh! Venha, e trêmulo descaia/ Despotismo feroz, que nos devora!*

Sua epístola, centrada na temática do amor e dos ciúmes –
[...]

> Ternos amores, cada vez mais ternos
> Geram, pelo ciúme envenenados,
> Dentro em meu coração fúrias infernos.
>
> Cuido que outro granjeia os teus agrados,
> E, nutrindo a voraz desconfiança,
> Exclamo contra os Céus e contra os fados.
>
> A vida, que prezei, me aflige, e cansa;
> A vida, que prezei, porque iludia
> Meus vãos desejos, crédula esperança.
> [...]
>
> Vive sempre ditosa entre meus braços,
> Vive em serena paz, e adeus, querida,
> Que para a morte já dirijo os passos.
>
> Ela chama por mim, vou dar-lhe a vida:
> Feliz eu, no fim mísero a que aspiro,
> Se coa boca amorosa à tua unida
> Desentranhasse meu final suspiro.
>
> (Fragmentos da Epístola "Elmano a Urselina")

– possui conteúdo idêntico ao dos sonetos: o desespero, o clima de tragédia, o sofrimento, o niilismo e a ânsia de infinito.

Assim, se o entre fronteiras é a marca de Bocage na história da Literatura Portuguesa, se sua poesia é o encontro que assinala a decadência de um estilo – árcade – e o limiar de outro – romântico –, o exercício da arte e a dimensão humana que daí avulta colocam esse criador de anedotas sujas e de poemas obscenos, nessa mesma história, como mestre do soneto ao lado de Antero de Quental e, enfim, como perseguiu a sua vida inteira, ao lado de Luís de Camões.

Porto Alegre, 14 de março de 2003

CRITÉRIOS DE EDIÇÃO

Para a elaboração da presente antologia, respeitamos a ordem de apresentação e a numeração dos poemas estabelecidas na edição organizada por Inocêncio Francisco da Silva, *Poesias de Manuel Maria Barbosa du Bocage*, 1853. Adotamos a grafia brasileira das palavras, preferindo, por exemplo, *insônia* a *insónia*.

SONETOS ERÓTICOS

I

PROPOSIÇÃO DAS RITMAS DO POETA

Incultas produções da mocidade
Exponho a vossos olhos, ó leitores:
Vede-as com mágoa, vede-as com piedade,
Que elas buscam piedade, e não louvores:

Ponderai da Fortuna a variedade
Nos meus suspiros, lágrimas, e amores;
Notai dos males seus a imensidade,
A curta duração dos seus favores:

E se entre versos mil de sentimento
Encontrardes alguns, cuja aparência
Indique festival contentamento,

Crede, ó mortais, que foram com violência
Escritos pela mão do Fingimento,
Cantados pela voz da Dependência.

II

O AUTOR AOS SEUS VERSOS

Chorosos versos meus desentoados,
Sem arte, sem beleza, e sem brandura,
Urdidos pela mão da Desventura,
Pela baça Tristeza envenenados:

Vede a luz, não busqueis, desesperados,
No mudo esquecimento a sepultura;
Se os ditosos vos lerem sem ternura,
Ler-vos-ão com ternura os desgraçados:

Não vos inspire, ó versos, cobardia
Da sátira mordaz o furor louco,
Da maldizente voz a tirania:

Desculpa tendes, se valeis tão pouco;
Que não pode cantar com melodia
Um peito, de gemer cansado e rouco.

IV

CONTRA A INGRATIDÃO DE NISE

Raios não peço ao Criador do mundo,
Tormentas não suplico ao rei dos mares,
Vulcões à terra, furacões aos ares,
Negros monstros ao báratro profundo:

Não rogo ao deus do Amor, que furibundo
Te arremesse do pé de seus altares;
Ou que a peste mortal voe a teus lares,
E murche o teu semblante rubicundo:

Nada imploro em teu dano, ainda que os laços
Urdidos pela fé, com vil mudança
Fizeste, ingrata Nise, em mil pedaços:

Não quero outro despique, outra vingança,
Mais que ver-te em poder de indignos braços,
E dizer quem te perde, e quem te alcança.

V

INSÔNIA

Já sobre o coche de ébano estrelado
Deu meio giro a noite escura e feia;
Que profundo silêncio me rodeia
Neste deserto bosque, à luz vedado!

Jaz entre as folhas Zéfiro abafado,
O Tejo adormeceu na lisa areia;
Nem o mavioso rouxinol gorjeia,
Nem pia o mocho, às trevas costumado:

Só eu velo, só eu, pedindo à sorte
Que o fio, com que está minh'alma presa
À vil matéria lânguida, me corte:

Consola-me este horror, esta tristeza;
Porque a meus olhos se afigura a morte
No silêncio total da Natureza.

XII

O POETA DISTANTE DA SUA AMADA

Olhos suaves, que em suaves dias
Vi nos meus tantas vezes empregados;
Vista, que sobre esta alma despedias
Deleitosos farpões, no céu forjados:

Santuários de amor, luzes sombrias,
Olhos, olhos da cor de meus cuidados,
Que podeis inflamar as pedras frias,
Animar os cadáveres mirrados:

Troquei-vos pelos ventos, pelos mares,
Cuja verde arrogância as nuvens toca,
Cuja horríssona voz perturba os ares:

Troquei-vos pelo mal, que me sufoca;
Troquei-vos pelos ais, pelos pesares:
Oh câmbio triste! oh deplorável troca!

XIII

RECORDANDO-SE DA INCONSTÂNCIA DE GERTRÚRIA

Da pérfida Gertrúria o juramento
Parece-me que estou inda escutando,
E que inda ao som da voz suave e brando
Encolhe as asas, de encantado, o vento:

No vasto, infatigável pensamento
Os mimos da perjura estou notando...
Eis Amor, eis as Graças festejando
Dos ternos votos o feliz momento.

Mas ah!... Da minha rápida alegria
Para que acendes mais as vivas cores,
Lisonjeiro pincel da fantasia?

Basta, cega paixão, loucos amores;
Esqueçam-se os prazeres de algum dia,
Tão belos, tão duráveis como as flores.

XVI

CONVITE A MARÍLIA

Já se afastou de nós o Inverno agreste
Envolto nos seus úmidos vapores;
A fértil Primavera, a mãe das flores
O prado ameno de boninas veste:

Varrendo os ares o sutil nordeste
Os torna azuis; as aves de mil cores
Adejam entre Zéfiros, e Amores,
E toma o fresco Tejo a cor celeste:

Vem, ó Marília, vem lograr comigo
Destes alegres campos a beleza,
Destas copadas árvores o abrigo:

Deixa louvar da corte a vã grandeza:
Quanto me agrada mais estar contigo
Notando as perfeições da Natureza!

XVII

A GERTRÚRIA AUSENTE

Por fofos escarcéus arremessado
Ora aos abismos, ora ao firmamento,
Escutando o furor, e o som violento
Do ríspido Aquilão, de Noto irado:

Aberto o peito, o coração rasgado
Pelo agudo punhal do apartamento,
Qual pombinho, que foi de açor cruento
Pelas garras mortais atravessado;

Assim num cego amor já cego e louco,
Envio, alma querida, envio aos ares
De quando em quando um ai trêmulo e rouco;

Mas tantas aflições, tantos pesares
Tudo é pouco, Gertrúria, tudo é pouco,
Se inda eu vir os teus olhos singulares.

XVIII

À MESMA, RECEOSO DA SUA CONSTÂNCIA

Qual o avaro infeliz, que não descansa,
Volvendo os olhos dum para o outro lado,
Por cuidar que ao tesouro idolatrado
Cobiçosa vontade as mãos lhe lança:

Tal eu, meu doce amor, minha esperança,
De suspeitas cruéis atormentado,
Receio que a distância, o tempo, o fado
Te arranquem meus carinhos da lembrança:

Receio que, por minha adversidade,
Novo amante sagaz, e lisonjeiro
Macule de teus votos a lealdade:

Ah! crê, bela Gertrúria, que o primeiro
Dia, em que eu chore a tua variedade,
Será minha vida o derradeiro.

XXI

RECEIOS DE MUDANÇA NO OBJETO AMADO

Temo que a minha ausência e desventura
Vão na tua alma, docemente acesa,
Apoucando os excessos da firmeza,
Rebatendo os assaltos da ternura:

Temo que a tua singular candura
Leve o Tempo fugaz, nas asas presa,
Que é quase sempre o vício da beleza,
Gênio mudável, condição perjura:

Temo; e se o fado mau, fado inimigo,
Confirmar impiamente este receio,
Espectro perseguidor, que anda comigo,

Com rosto, alguma vez de mágoa cheio,
Recorda-te de mim, dize contigo:
"Era fiel, amava-me, e deixei-o".

XXII

ACHANDO-SE AVASSALADO PELA FORMOSURA DE JÔNIA

Enquanto o sábio arreiga o pensamento
Nos fenômenos teus, oh Natureza,
Ou solta árduo problema, ou sobre a mesa
Volve o sutil geométrico instrumento:

Enquanto, alçando a mais o entendimento,
Estuda os vastos céus, e com certeza

Reconhece dos astros a grandeza,
A distância, o lugar, e o movimento:

Enquanto o sábio, enfim, mais sabiamente
Se remonta nas asas do sentido
À corte do Senhor onipotente:

Eu louco, eu cego, eu mísero, eu perdido
De ti só trago cheia, ó Jônia, a mente;
Do mais, e de mim mesmo ando esquecido.

XXV
RECORDAÇÕES DE MARÍLIA AUSENTE

Por esta solidão, que não consente
Nem do sol, nem da lua a claridade,
Ralado o peito já pela saudade
Dou mil gemidos a Marília ausente:

De seus crimes a mancha inda recente
Lava Amor, e triunfa da verdade;
A beleza, apesar da falsidade,
Me ocupa o coração, me ocupa a mente:

Lembram-me aqueles olhos tentadores,
Aquelas mãos, aquele riso, aquela
Boca suave, que respira amores...

Ah! Trazei-me, ilusões, a ingrata, a bela!
Pintai-me vós, oh sonhos, entre flores
Suspirando outra vez nos braços dela!

XXVI

DESCREVENDO OS ENCANTOS DE MARÍLIA

Marília, se em teus olhos atentara,
Do estelífero sólio reluzente
Ao vil mundo outra vez o onipotente,
O fulminante Júpiter baixara:

Se o deus, que assanha as Fúrias, te avistara
As mãos de neve, o colo transparente,
Suspirando por ti, do caos ardente
Surgira à luz do dia, e te roubara:

Se a ver-te de mais perto o sol descera,
No áureo carro veloz dando-te assento
Até da esquiva Dafne se esquecera:

E se a força igualasse o pensamento,
Oh alma da minh'alma, eu te of'recera
Com ela a terra, o mar, e o firmamento.

XXVIII

O TEMPLO DO CIÚME

Guiou-me ao templo do letal Ciúme
A Desesperação, que em mim fervia;
O cabelo de horror se me arrepia
Ao recordar o formidável nume:

Fumegava-lhe aos pés tartáreo lume,
Crespa serpe as entranhas lhe rola;
Eram ministros seus a Aleivosia,
O Susto, a Morte, a Cólera, o Queixume:

"Cruel! (grito em frenético transporte)
Dos sócios teus, no báratro gerados,
Dá-me um só, que te invejo, a Morte, a Morte!"

– "Cessa (diz) os teus rogos são baldados:
Querem ter-te no mundo Amor, e a Sorte,
Para consolação dos desgraçados."

XXX

RECREIOS CAMPESTRES NA COMPANHIA DE MARÍLIA

Olha, Marília, as flautas dos pastores
Que bem que soam, como estão cadentes!
Olha o Tejo a sorrir-se! Olha, não sentes
Os Zéfiros brincar por entre as flores?

Vê como ali beijando-se os Amores
Incitam nossos ósculos ardentes!
Ei-las de planta em planta as inocentes,
As vagas borboletas de mil cores!

Naquele arbusto o rouxinol suspira,
Ora nas folhas a abelhinha para,
Ora nos ares sussurrando gira:

Que alegre campo! Que manhã tão clara!
Mas ah! Tudo o que vês, se eu te não vira,
Mais tristeza que a morte me causara.

XXXI

DESENGANADO DO AMOR E DA FORTUNA

Fiei-me nos sorrisos da ventura,
Em mimos feminis, como fui louco!
Vi raiar o prazer; porém tão pouco
Momentâneo relâmpago não dura:

No meio agora desta selva escura,
Dentro deste penedo úmido e oco,
Pareço, até no tom lúgubre, e rouco
Triste sombra a carpir na sepultura:

Que estância para mim tão própria é esta!
Causais-me um doce, e fúnebre transporte,
Áridos matos, lôbrega floresta!

Ah! não me roubou tudo a negra sorte:
Inda tenho este abrigo, inda me resta
O pranto, a queixa, a solidão e a morte.

XXXVIII

FEITO NA PRISÃO

Não sinto me arrojasse o duro fado
Nesta abóbada feia, horrenda, escura,
Nesta dos vivos negra sepultura,
Onde a luz nunca entrou do Sol dourado:

Não me consterna o ver-me traspassado
Com mil golpes cruéis da desventura,
Porque bem sei que a frágil criatura
Raramente é feliz no mundo errado:

Não choro a liberdade, que enleada
Tenho em férreas prisões, e a paz ditosa,
Que voou da minh'alma atribulada:

Só sinto que Marília rigorosa
Entre os braços de Aônio reclinada
Zombe da minha sorte lastimosa.

XLII

DESPEDINDO-SE DA PÁTRIA, AO PARTIR PARA A ÍNDIA

Eu me ausento de ti, meu pátrio Sado,
Mansa corrente deleitosa, amena,
Em cuja praia o nome de Filena
Mil vezes tenho escrito, e mil beijado:

Nunca mais me verás entre o meu gado
Soprando a namorada e branda avena,
A cujo som descias mais serena,
Mais vagarosa para o mar salgado:

Devo enfim manejar por lei da sorte
Cajados não, mortíferos alfanges
Nos campos do colérico Mavorte;

E talvez entre impávidas falanges
Testemunhas farei da minha morte
Remotas margens, que umedece o Ganges.

XLIII

À MORTE DE UMA FORMOSA DAMA

Os garços olhos, em que Amor brincava,
Os rubros lábios, em que Amor se ria,
As longas tranças, de que Amor pendia,
As lindas faces, onde Amor brilhava:

As melindrosas mãos, que Amor beijava,
Os níveos braços, onde Amor dormia,
Foram dados, Armânia, à terra fria,
Pelo fatal poder que a tudo agrava:

Seguiu-te Amor ao tácito jazigo,
Entre as irmãs cobertas de amargura;
E eu que faço (ai de mim!) como os não sigo!

Que há no mundo que ver, se a formosura,
Se Amor, se as Graças, se o prazer contigo
Jazem no eterno horror da sepultura?

XLVI

QUEIXAS CONTRA A INGRATIDÃO DE MARÍLIA

Em veneno letífero nadando
No roto peito o coração me arqueja;
E ante meus olhos hórrido negreja
De mortais aflições espesso bando:

Por ti, Marília, ardendo, e delirando
Entre as garras aspérrimas da Inveja,
Amaldiçoo Amor, que ri, e adeja
Pelos ares, cos Zéfiros brincando:

Recreia-se o traidor com meus clamores, –
E meu cioso pranto... oh Jove, oh nume
Que vibras os coriscos vingadores!

Abafa as ondas do tartáreo lume,
Que para os que provocam teus furores
Tens inferno pior, tens o ciúme.

XLVII

DESCREVE AS SUAS DESVENTURAS, LONGE DA PÁTRIA E DE GERTRÚRIA

Do Mandovi na margem reclinado
Chorei debalde minha negra sina,
Qual o mísero vate de Corina
Nas tomitanas praias desterrado:

Mais duro fez ali meu duro fado
Da vil calúnia a língua viperina;
Até que aos mares da longínqua China
Fui por bravos tufões arremessado:

Atassalhou-me a serpe, que devora
Tantos mil, perseguiu-me o grão-gigante
Que no terrível promontório mora:

Por bárbaros sertões gemi vagante;
Falta-me inda o pior, falta-me agora
Ver Gertrúria nos braços de outro amante!

L

INSÔNIA

Oh retrato da morte, oh Noite amiga
Por cuja escuridão suspiro há tanto!
Calada testemunha de meu pranto,
De meus desgostos secretária antiga!

Pois manda Amor, que a ti somente os diga,
Dá-lhes pio agasalho no teu manto;
Ouve-os, como costumas, ouve, enquanto
Dorme a cruel, que a delirar me obriga:

E vós, oh cortesãos da escuridade,
Fantasmas vagos, mochos piadores,
Inimigos, como eu, da claridade!

Em bandos acudi aos meus clamores;
Quero a vossa medonha sociedade,
Quero fartar meu coração de horrores.

LI

A CAMÕES, COMPARANDO COM OS DELE OS SEUS PRÓPRIOS INFORTÚNIOS

Camões, grande Camões, quão semelhante
Acho teu fado ao meu, quando os cotejo!
Igual causa nos fez perdendo o Tejo
Arrostar co sacrílego gigante:

Como tu, junto ao Ganges sussurrante
Da penúria cruel no horror me vejo;
Como tu, gostos vãos, que em vão desejo,
Também carpindo estou, saudoso amante:

Ludíbrio, como tu, da sorte dura
Meu fim demando ao céu, pela certeza
De que só terei paz na sepultura:

Modelo meu tu és... Mas, oh tristeza!...
Se te imito nos transes da ventura,
Não te imito nos dons da natureza.

LIII

LASTIMANDO-SE DA INGRATIDÃO DE NISE

Canta ao som dos grilhões o prisioneiro,
Ao som da tempestade o nauta ousado,
Um, porque espera o fim do cativeiro,
Outro, antevendo o porto desejado:

Exposta a vida ao tigre mosqueado
Gira sertões o sôfrego mineiro,
Da esperança dos lucros encantado,
Que anima o peito vil, e interesseiro:

Por entre armadas hostes destemido
Rompe o sequaz do horrífico Mavorte,
Co triunfo, coa glória no sentido:

Só eu (tirano Amor! tirana sorte!)
Só eu por Nise ingrata aborrecido
Para ter fim meu pranto espero a morte.

LIV

O CIÚME

Entre as tartáreas forjas sempre acesas,
Jaz aos pés do tremendo, estígio nume,
O carrancudo, o rábido Ciúme,
Ensanguentadas as corruptas presas:

Traçando o plano de cruéis empresas,
Fervendo em ondas de sulfúreo lume,
Vibra das fauces o letal cardume
De hórridos males, de hórridas tristezas;

Pelas terríveis Fúrias instigado
Lá sai do inferno, e para mim se avança
O negro monstro, de áspides toucado:

Olhos em brasa de revés me lança;
Oh dor! Oh raiva! Oh morte!... Ei-lo a meu lado,
Ferrando as garras na vipérea trança.

LVII

SAUDADES DE GERTRÚRIA

Adeja, coração, vai ter aos lares,
Ditosos lares, que Gertrúria pisa;
Olha, se inda te guarda a fé mais lisa,
Vê, se inda tem pesar dos teus pesares:

No fulgor de seus olhos singulares
Crestando as asas, tua dor suaviza,
Amor de lá te chama, te divisa,
Interpostos em vão tão longos mares:

Dize-lhe, que do tempo o leve giro
Não faz abalo em ti, não faz mudança,
Que ainda lhe és fiel neste retiro:

Sim, pinta-lhe imortal minha lembrança;
Dá-lhe teus ais, e pede-lhe um suspiro,
Que alente, coração, tua esperança.

LVIII

AO PARTIR PARA A ÍNDIA, DEIXANDO EM LISBOA A SUA AMADA

Ah! Que fazes, Elmano? Ah! Não te ausentes
Dos braços de Gertrúria carinhosa:
Trocas do Tejo a margem deleitosa
Por bárbaro país, bárbaras gentes?

Um tigre te gerou, se dó não sentes
Vendo tão consternada, e tão saudosa
A tágide mais linda, e mais mimosa;
Ah! Que fazes, Elmano? Ah! não te ausentes.

Teme os duros cachopos, treme, insano,
Do enorme Adamastor, que sempre vela
Entre as fúrias, e os monstros do Oceano:

Olha nos lábios de Gertrúria bela
Como suspira Amor!... Vê, vê, tirano,
As Graças a chorar nos olhos dela!

LX

A RAZÃO DOMINADA PELA FORMOSURA

Importuna Razão, não me persigas;
Cesse a ríspida voz que em vão murmura;
Se a lei de Amor, se a força da ternura
Nem domas, nem contrastas, nem mitigas:

Se acusas os mortais, e os não abrigas,
Se (conhecendo o mal) não dás a cura,
Deixa-me apreciar minha loucura,
Importuna Razão, não me persigas.

É teu fim, teu projeto encher de pejo
Esta alma, frágil vítima daquela
Que, injusta e vária, noutros laços vejo:

Queres que fuja de Marília bela,
Que a maldiga, a desdenhe; e o meu desejo
É carpir, delirar, morrer por ela.

LXI

QUEIXUMES CONTRA OS DESPREZOS DA SUA AMADA

Oh trevas, que enlutais a natureza,
Longos ciprestes desta selva anosa,
Mochos de voz sinistra, e lamentosa,
Que dissolveis dos fados a incerteza:

Manes, surgidos da morada acesa
Onde de horror sem fim Plutão se goza,
Não aterreis esta alma dolorosa,
Que é mais triste que vós minha tristeza:

Perdi o galardão da fé mais pura,
Esperanças frustrei do amor mais terno,
A posse de celeste formosura:

Volvei pois, sombras vãs, ao fogo eterno;
E lamentando a minha desventura
Movereis a piedade o mesmo inferno.

LXIII

RECORDAÇÕES DE UMA INGRATA

Inda em meu frágil coração fumega
A cinza desse fogo em que ele ardia;
A memória da tua aleivosia
Meu sossego inda aqui desassossega:

A vil traição, que as almas nos despega,
Não tem cabal poder na simpatia;
Gasta o mar importuno a rocha fria,
Menor que o desengano a paixão cega:

Bem como o flavo sol, que a terra abraça,
Por mais que o veja densamente oposto,
Atraído vapor fere, e repassa:

Tal, para misturar gosto e desgosto,
Na sombra de teus crimes brilha a graça,
Com que o pródigo céu criou teu rosto.

LXVI

DELÍRIO AMOROSO

Meus olhos, atentai no meu jazigo,
Que o momento da morte está chegado;
Lá soa o corvo, intérprete do fado;
Bem o entendo, bem sei, fala comigo:

Triunfa, Amor, gloria-te, inimigo;
E tu, que vês com dor meu duro estado,
Volve à terra o cadáver macerado,
O despojo mortal do triste amigo:

Na campa, que o cobrir, piedoso Albano,
Ministra aos corações, que Amor flagela,
Terror, piedade, aviso, e desengano:

Abre em meu nome este epitáfio nela:
"Eu fui, ternos mortais, o terno Elmano;
Morri de ingratidões, matou-me Isbela".

LXVII

DEPLORANDO A MORTE DE NISE

Já no calado monumento escuro
Em cinzas se desfez teu corpo brando;
E pude eu ver, oh Nise, o doce, o puro
Lume dos olhos teus ir-se apagando!

Hórridas brenhas, solidões procuro,
Grutas sem luz frenético demando.
Onde maldigo o fado acerbo e duro,
Teu riso, teus afagos suspirando:

Darei da minha dor contínua prova,
Em sombras cevarei minha saudade,
Insaciável sempre, e sempre nova:

Té que torne a gozar da claridade
Da luz, que me inflamou, que se renova
No seio da brilhante eternidade.

LXXI

INVOCAÇÃO À NOITE

Oh deusa, que proteges dos amantes
O destro furto, o crime deleitoso,
Abafa com teu manto pavoroso
Os importunos astros vigilantes:

Quero adoçar meus lábios anelantes
No seio de Ritália melindroso;
Estorva que os maus olhos do invejoso
Turbem de amor os sôfregos instantes:

Tétis formosa, tal encanto inspire
Ao namorado sol teu níveo rosto,
Que nunca de teus braços se retire!

Tarde ao menos o carro à Noite oposto,
Até que eu desfaleça, até que expire
Nas ternas ânsias, no inefável gosto.

LXXV

RETRATO DE UMA FORMOSURA ESQUIVA
(*Improvisado*)

Da minha ingrata Flérida gentil
Os verdes olhos esmeraldas são;
É de cândida prata a lisa mão,
Onde eu dum beijo passaria a mil:

A trança, cor do sol, rede sutil
Em que se foi prender meu coração,
E de ouro, o pai da túmida ambição,
Prole fatal do cálido Brasil:

Seu peito delicado e tentador
E porção de alabastro, a quem jamais
Penetraram farpões do deus traidor:

Mas como há de a tirana ouvir meus ais,
Como há de esta cruel sentir amor,
Se é composta de pedras, e metais!

LXXX

NA SOLIDÃO DO CÁRCERE

Quando na rósea nuvem sobe o dia
De risos esmaltando a natureza,
Bem que me aclare as sombras da tristeza
Um tempo sem-sabor me principia:

Quando por entre os véus da noite fria
A máquina celeste observo acesa,
De angústia, de terror a imagens presa
Começa a devorar-me a fantasia.

Por mais ardentes preces, que lhe faço,
Meus ais não ouve o númen sonolento,
Nem prende a minha dor com tênue laço:

No inferno se me troca o pensamento;
Céus! Por que hei de existir, por quê, se passo
Dias de enjoo, e noites de tormento?

LXXXII

Glosando o mote:
"MORTE, JUÍZO, INFERNO E PARAÍSO"

Em que estado, meu bem, por ti me vejo,
Em que estado infeliz, penoso, e duro!
Delido o coração de um fogo impuro,
Meus pesados grilhões adoro e beijo:

Quando te logro mais, mais te desejo,
Quando te encontro mais, mais te procuro,
Quando mo juras mais, menos seguro
Julgo esse doce amor, que adorna o pejo.

Assim passo, assim vivo, assim meus fados
Me desarreigam d'alma a paz, e o riso,
Sendo só meu sustento os meus cuidados:

E, de todo apagada a luz do siso,
Esquecem-me (ai de mim!) por teus agrados
"Morte, Juízo, Inferno e Paraíso".

LXXXVII

Glosando o mote:

"A MORTE PARA OS TRISTES É VENTURA"

Quem se vê maltratado, e combatido
Pelas cruéis angústias da indigência
Quem sofre de inimigos a violência,
Quem geme de tiranos oprimido:

Quem não pode ultrajado, e perseguido
Achar nos céus, ou nos mortais clemência,
Quem chora finalmente a dura ausência
De um bem, que para sempre está perdido:

Folgará de viver, quando não passa
Nem um momento em paz, quando a amargura
O coração lhe arranca e despedaça?

Ah! Só deve agradar-lhe a sepultura,
Que a vida para os tristes é desgraça,
"A morte para os tristes é ventura".

XCIV

ÀS MÃOS DE MARÍLIA

De cima destas penhas escabrosas,
Que pouco a pouco as ondas têm minado,
Da Lua co reflexo prateado
Distingo de Marília as mãos formosas:

Ah! Que lindas que são, que melindrosas!
Sinto-me louco, sinto-me encantado;

Ah! Quando elas vos colhem lá no prado,
Nem vós, lírios, brilhais, nem vós, oh rosas!

Deuses! Céus! Tudo o mais que tendes feito
Vendo tão belas mãos, me dá desgosto;
Nada, onde elas estão, nada é perfeito.

Oh quem pudera uni-las ao meu rosto!
Quem pudera apertá-las no meu peito!
Dar-lhe mil beijos, e expirar de gosto!

XCVI

O TEMPO OFERECE AO POETA SEU AUXÍLIO CONTRA AMOR

De emaranhadas cãs o rosto cheio,
De açacalada foice armado o braço,
Giganteia estatura, aspecto baço,
Um velho em sonhos vi, medonho e feio:

"Não tenhas, ó mortal, de mim receio;
O Tempo sou (me diz), eu despedaço
Os colossos, os mármores desfaço,
Prostro a vaidade, a formosura afeio:

Mas sabendo a razão de teus pesares,
Pela primeira vez enternecido,
A falar-te baixei dos tênues ares:

Sofre, por ora, o jugo de Cupido;
Que eu farei, quando menos o cuidares,
Que te escape Natércia do sentido".

XCIX

CEDENDO A SEU PESAR À VIOLÊNCIA DO DESTINO

Das faixas infantis despido apenas,
Sentia o sacro fogo arder na mente;
Meu tenro coração inda inocente,
Iam ganhando as plácidas Camenas:

Faces gentis, angélicas, serenas,
De olhos suaves o volver fulgente,
Da ideia me extraíam de repente
Mil simples, maviosas cantilenas.

O tempo me soprou fervor divino,
E as Musas me fizeram desgraçado,
Desgraçado me fez o deus menino:

A Amor quis esquivar-se, e ao dom sagrado:
Mas vendo no meu gênio o meu destino,
Que havia de fazer? Cedi ao fado.

C

QUEIXUMES CONTRA A MUDANÇA DE MARÍLIA

Enquanto muda jaz, e jaz vencida
Do sono, que a restaura, a Natureza,
Aumento de meus males a graveza,
Eu, desgraçado, que aborreço a vida.

Velando está minh'alma escurecida
Envolta nos horrores da tristeza,

Qual tocha, que entre túmulos acesa,
Espalha feia luz amortecida:

Velando está minh'alma, estão com ela
Velando Amor, velando a Desventura,
Algozes com que a Sorte me flagela:

Preside ao ato acerbo a formosura,
Marília desleal, Marília, aquela
Que tão branda me foi, que me é tão dura.

CII

PEDE A MARÍLIA CONSOLAÇÕES CONTRA A RUDEZA DOS FADOS

Minh'alma se reparte em pensamentos
Todos escuros, todos pavorosos;
Pondero quão terríveis, quão penosos
São, existência minha, os teus momentos:

Dos males que sofri, cruéis, violentos,
A Amor, e aos Fados contra mim teimosos,
Outros inda mais tristes, mais custosos
Deduzo com fatais pressentimentos.

Rasgo o véu do futuro, e lá diviso
Novos danos urdindo Amor, e os Fados,
Para roubar-me a vida após do siso.

Ah! Vem, Marília, vem com teus agrados,
Com teu sereno olhar, teu brando riso
Furtar-me a fantasia a mil cuidados.

CIX

INSUFICIÊNCIA DOS DITAMES DA RAZÃO CONTRA O PODER DE AMOR

Sobre estas duras, cavernosas fragas,
Que o marinho furor vai carcomendo,
Me estão negras paixões n'alma fervendo
Como fervem no pego as crespas vagas:

Razão feroz, o coração me indagas,
De meus erros a sombra esclarecendo,
E vás nele (ai de mim!) palpando, e vendo
De agudas ânsias venenosas chagas:

Cego a meus males, surdo a teu reclamo,
Mil objectos de horror coa ideia eu corro,
Solto gemidos, lágrimas derramo:

Razão, de que me serve o teu socorro?
Mandas-me não amar, eu ardo, eu amo;
Dizes-me que sossegue, eu peno, eu morro.

CXIV

INCERTEZAS SOBRE A FIDELIDADE DE ANÁLIA AUSENTE

Amor, que o pensamento me salteias
Coas memórias de Anália a cada instante;
Tirano, que vaidoso e triunfante
Me apertas mais e mais servis cadeias:

Doces as aflições com que me anseias,
Se ao ver-se de meus olhos tão distante

Soltasse Anália um ai do peito amante,
E o fogo antigo lhe inflamasse as veias!

Mas é talvez o exemplo das perjuras,
Outro amima talvez, enquanto eu choro,
Morrendo de saudosas amarguras:

E pelo ardente excesso com que adoro,
Ao clarão de medonhas conjecturas
Vejo o fantasma da traição que ignoro.

CXIX

O POETA ENCADEADO A SEU PESAR EM NOVOS LAÇOS

Do cárcere materno em hora escura,
Em momento infeliz, triste, agourado,
Me desaferrolhou terrível Fado,
Meus dias cometendo à Desventura:

Perigosas sementes de ternura
Havia o deus feroz em mim lançado;
Que mil azedos frutos têm brotado,
Regadas pelos prantos da amargura.

Escravo da despótica beleza,
Remir-me de ímpia lei, que me domina,
Tento, e desmaio ao começar a empresa:

Oh poder da paixão, que me alucina!
Oh cego Amor! Oh frágil Natureza!
N'alma busco a razão, e encontro Alcina.

CXXI

A ESTÂNCIA DO CIÚME

Há um medonho abismo, onde baqueia
A impulsos das paixões a humanidade;
Impera ali terrível divindade,
Que de torvos ministros se rodeia:

Rubro facho a Discórdia ali meneia,
Que a mil cenas de horror dá claridade;
Com seus sócios, Traição, Mordacidade,
Range os dentes a Inveja escura e feia:

Vê-se a Morte cruel no punho alçando
O ferro de sanguento ervado gume,
E a toda a natureza ameaçando:

Vê-se arder, fumegar sulfúreo lume...
Que estrondo! Que pavor! Que abismo infando!...
Mortais, não é o inferno, é o Ciúme!

CXXVI

DESCREVENDO UMA NOITE TEMPESTUOSA

O céu, de opacas sombras abafado,
Tornando mais medonha a noite feia;
Mugindo sobre as rochas, que salteia,
O mar, em crespos montes levantado:

Desfeito em furacões o vento irado,
Pelos ares zunindo a solta areia,
O pássaro noturno, que vozeia
No agoureiro ciprestre além pousado;

Formam quadro terrível, mas aceito,
Mas grato aos olhos meus, grato à fereza
Do ciúme, e saudade, a que ando afeito:

Quer no horror igualar-me a Natureza;
Porém cansa-se em vão, que no meu peito
Há mais escuridade, há mais tristeza.

CXXVII

À MEMÓRIA DE ULINA

Sonho, ou velo? Que imagem luminosa,
Esclarecendo o manto à noite escura,
A meus olhos pasmados se afigura,
Sopeia a tua dor, alma saudosa!

De mais vistoso objeto o céu não goza,
A clareza do sol não é mais pura...
Que encanto! Que esplendor! Que formosura!...
Caiu-te um astro, abóbada lustrosa!...

Sorrisos da purpúrea madrugada,
Vós tão gratos não sois... Ah! Como inclina
A face para mim branda, apiedada!

Refulgente visão, tu és de Ulina;
Tu és cópia fiel da minha amada,
Ou reflexo talvez da luz divina.

CXXXII

VARIEDADE DOS EFEITOS DO AMOR

Nascemos para amar; a humanidade
Vai tarde ou cedo aos laços da ternura:
Tu és doce atrativo, ó formosura,
Que encanta, que seduz, que persuade:

Enleia-se por gosto a liberdade;
E depois que a paixão n'alma se apura,
Alguns então lhe chamam desventura,
Chamam-lhe alguns então felicidade:

Qual se abisma nas lôbregas tristezas,
Qual em suaves júbilos discorre,
Com esperanças mil na ideia acesas:

Amor ou desfalece, ou para, ou corre;
E, segundo as diversas naturezas,
Um porfia, este esquece, aquele morre.

CXXXIII

NOTANDO INSENSIBILIDADE NA SUA AMADA

A frouxidão no amor é uma ofensa,
Ofensa que se eleva a grau supremo;
Paixão requer paixão; fervor, e extremo;
Com extremo e fervor se recompensa.

Vê qual sou, vê qual és, vê que dif'rença!
Eu descoro, eu praguejo, eu ardo, eu gemo;
Eu choro, eu desespero, eu clamo, eu tremo,
Em sombras a razão se me condensa:

Tu só tens gratidão, só tens brandura,
E antes que um coração pouco amoroso
Quisera ver-te uma alma ingrata, e dura:

Talvez me enfadaria aspecto iroso;
Mas de teu peito a lânguida ternura
Tem-me cativo, e não me faz ditoso.

CXXXIV

VENDO-SE PRESO NOS LAÇOS DE UMA DAMA VENAL

Nos torpes laços de beleza impura
Jazem meu coração, meu pensamento;
E forçada ao servil abatimento
Contra os sentidos a razão murmura:

Eu, que outrora incensava a formosura
Das que enfeita o pudor gentil, e isento,
A já corrupta ideia hoje apascento
Nos falsos mimos de venal ternura:

Se a vejo repartir prazer, e agrado
Àquele, a este, coa fatal certeza
Fermenta o vil desejo envenenado:

Céus! Quem me reduziu a tal baixeza?
Quem tão cego me pôs?... Ah! Foi meu fado,
Que tanto não podia a natureza.

CXXXVIII

REFLETINDO SOBRE A INSTABILIDADE
DA CONDIÇÃO HUMANA

Quantas vezes, Amor, me tens ferido?
Quantas vezes, Razão, me tens curado?
Quão fácil de um estado a outro estado
O mortal sem querer é conduzido!

Tal, que em grau venerando, alto e luzido,
Como que até regia a mão do fado,
Onde o sol, bem de todos, lhe é vedado
Depois com ferros vis se vê cingido:

Para que o nosso orgulho as asas corte,
Que variedade inclui esta medida,
Este intervalo da existência à morte!

Travam-se gosto, e dor; sossego, e lida;
É lei da natureza, é lei da sorte
Que seja o mal e o bem matiz da vida.

CXL

À INFIDELIDADE DE NISE

De noturno, horroroso pesadelo
Fui na mente sombria atormentado;
Inda palpito, da visão lembrado,
Esfria o sangue, irriça-se o cabelo:

Vi dum lado a Desgraça impondo o selo
Às leis, que em dano meu criara o Fado;

Meus Males em tropel vi de outro lado
Ais dirigindo a corações de gelo.

Coa pátria, mundo, e céu me vi malquisto,
Ao longe a Glória laureada, e bela,
Ouvi dizer-me: – "De te honrar desisto!" –

Tive a Morte ante mim torva, amarela;
Fúrias, Manes: O horror não parou nisto,
Vi Nise, e o meu rival nos braços dela.

CXLII

À MORTE, ÚNICO REFÚGIO CONTRA AS PERSEGUIÇÕES DA SORTE

Nas horas de Morfeu vi a meu lado
Pavoroso gigante, enorme vulto:
Tinha na mão sinistra, e quase oculto,
Volume em férrea pasta encadernado:

– Ah! Quem és (lhe pergunto arrepiado)
Mereces o meu ódio, ou o meu culto?
"Sou (me diz) o que em sombras te sepulto,
Sou teu perseguidor, teu mal, teu Fado.

Corres, triste mortal, por minha conta;
Mas há de a meu despeito haver quem corte
A série de tormentos, que te afronta:

Poder vem perto, que te mude a sorte:
Lá tens o teu regresso..." – E nisto aponta,
Olho rapidamente, e vejo a Morte.

CLIX

ÀS LÁGRIMAS DE ANÁLIA
(Escrito no último período da sua final moléstia.)

De um nume aos ais de Elmano oh dom mimoso!
Tesouros meus! Aljôfares de Amores!
Ao ver-vos deslizar, cair nas flores
De um gesto, como os deuses, milagroso;

Orvalho pareceis do céu piedoso,
Que meigo alívio influi em agras dores,
Que umedece estes áridos vapores,
Este hálito da morte infesto, ansioso:

Sentindo o coração por ti regado,
Contigo, ó néctar, a existência encanto,
E brando para mim se ri meu fado:

Amada! Jove, e tu, só podem tanto!
Meu mal dorme, repousa embriagado
Das mil delícias, que me dá teu pranto.

CLXI

À MESMA

Contigo, alma suave, alma formosa,
Celeste imagem, de que o céu me priva,
Que eu vivesse não quis, não quer que eu viva
Lei (sendo etérea) ao coração penosa:

Vendo sumir-me por morada umbrosa,
Ah! Não desmaies, a constância aviva,

E por artes de amor, de amor oh diva,
Do não gozado amante os manes goza:

Mais doce orvalho de teus olhos desça,
À linda (como tu) melhor das flores,
Que em torno à campa se abotoe, e cresça;

Passeia entre os meninos voadores,
Une a mão aos filhinhos, e pareça
Da morte a solidão jardim de amores.

CLXII

DESPEDIDAS AO TEJO

Não mais, ó Tejo meu, formoso e brando,
À margem fértil de gentis verdores,
Terás d'alta Ulisseia um dos cantores
Suspiros no áureo metro modulando:

Rindo não mais verá, não mais brincando
Por entre as ninfas, e por entre as flores,
O coro divinal dos nus Amores,
Dos Zéfiros azuis o afável bando:

Coa fronte já sem mirto, e já sem louro,
O arrebata de rojo a mão da Sorte
Ao clima salutar, e à margem de ouro:

Ei-lo em fragas de horror, sem luz, sem norte,
Soa daqui, dali piado agouro;
Sois vós, desterro eterno, ermos da morte!

SONETOS MORAIS E DEVOTOS

I

A CONSTÂNCIA DO SÁBIO SUPERIOR
AOS INFORTÚNIOS

Em sórdida masmorra aferrolhado,
De cadeias aspérrimas cingido,
Por ferozes contrários perseguido,
Por línguas impostoras criminado:

Os membros quase nus, o aspecto honrado
Por vil boca, e vil mão roto, e cuspido,
Sem ver um só mortal compadecido
De seu funesto, rigoroso estado:

O penetrante, o bárbaro instrumento
De atroz, violenta, inevitável morte
Olhando já na mão do algoz cruento:

Inda assim não maldiz a iníqua sorte,
Inda assim tem prazer, sossego, alento,
O sábio verdadeiro, o justo, o forte.

II

VENDO-SE LONGE DA PÁTRIA,
E PERSEGUIDO PELA FORTUNA

Já por bárbaros climas entranhado,
Já por mares inóspitos vagante,
Vítima triste da fortuna errante,
Té dos mais desprezíveis desprezado:

Da fagueira esperança abandonado,
Lassas as forças, pálido o semblante,
Sinto rasgar meu peito a cada instante
A mágoa de morrer expatriado:

Mas ah! Que bem maior, se contra a sorte
Lá do sepulcro no sagrado hospício
Refúgio me promete a amiga Morte!

Vem pois, oh nume aos míseros propício,
Vem livrar-me da mão pesada e forte,
Que de rastos me leva ao precipício!

III

TENTATIVA DE SUICÍDIO, COMBATIDA PELAS
LEMBRANÇAS DA ETERNIDADE

Aquele, a quem mil bens outorga o Fado,
Deseje com razão da vida amigo
Nos anos igualar Nestor, o antigo,
De trezentos invernos carregado:

Porém eu sempre triste, eu desgraçado,
Que só nesta caverna encontro abrigo,
Porque não busco as sombras do jazigo,
Refúgio perdurável, e sagrado?

Ah! bebe o sangue meu, tosca morada;
Alma, quebra as prisões da humanidade,
Despe o vil manto, que pertence ao nada!

Mas eu tremo!... Que escuto?... É a Verdade,
É ela, é ela que do céu me brada:
Oh terrível pregão da eternidade!

V

ABANDONANDO-SE AOS AZARES DA FORTUNA

Se a minha lastimosa desventura
Irreparável é, se trago escrito
No rosto cor da morte o meu delito,
Que louca ideia os passos me segura?

Ah! Some-te, infeliz, foge, e procura
Margens quais as do lívido Cocito,
Brenhas, matos, sertões, errante, aflito,
Até que vás parar na sepultura:

Oh nume enganador, nume falsário!
Oh lúbrica Fortuna de quem rego
Em vão com triste pranto o santuário!

Já sem violência em tuas mãos me entrego;
Sim, vária, aqui me tens inda mais vário,
Cega, a ti me abandono, inda mais cego!

VI

DEPRECAÇÃO FEITA DURANTE UMA TEMPESTADE

Oh Deus, oh rei do céu, do mar, da terra,
(Pois só me restam lágrimas, clamores)
Suspende os teus horríssonos furores,
O corisco, o trovão, que a tudo aterra:

Nos subterrâneos cárceres encerra
Os procelosos monstros berradores,

Que enchendo os ares de infernais vapores
Parece que entre si travaram guerra.

Para nós compassivo os olhos lança,
Perdoa ao fraco lenho, atende ao pranto
Dos tristes, que em ti põem sua esperança!

Às densas trevas despedaça o manto,
Faze, em sinal de próxima bonança,
Brilhar no etéreo tope o lume santo!

VII

CONFORMANDO-SE COM OS REVESES DA SORTE

Se o Destino cruel me não consente
Que o ferro nu brandindo irado, e forte,
Lá nos horrendos campos de Mavorte
De louros imortais guarneça a frente:

Se proíbe que em sólio refulgente
Faça os povos felices, de tal sorte
Que o meu nome apesar da negra morte
Fique em padrões e estátuas permanente:

Se as suas ímpias leis inexoráveis
Não querem que os mortais em alto verso
Contem de mim façanhas memoráveis:

Submisso à má ventura, ao fado adverso,
Ao menos por desgraças lamentáveis
Terei perpétua fama no universo.

VIII

VENDO-SE ACOMETIDO DE GRAVE ENFERMIDADE

Pouco a pouco a letífera Doença
Dirige para mim trémulos passos;
Eis seus caídos, macilentos braços,
Eis a sua terrífica presença:

Virá pronunciar final sentença,
Em meu rosto cravando os olhos baços,
Virá romper-me à vida os tênues laços
A foice, contra a qual não há defensa.

Oh! Vem, deidade horrenda, irmã da Morte,
Vem, que esta alma avezada a mil conflitos,
Não se assombra do teu, bem que mais forte:

Mas ah! Mandando ao céu meus ais contritos,
Espero que primeiro que o teu corte
Me acabe viva dor dos meus delitos.

IX

O POETA LUTANDO CONTRA O INFORTÚNIO

Apenas vi do dia a luz brilhante
Lá de Túbal no empório celebrado,
Em sanguíneo caráter foi marcado
Pelos Destinos meu primeiro instante:

Aos dois lustros a morte devorante
Me roubou, terna mãe, teu doce agrado;

Segui Marte depois, e enfim meu fado
Dos irmãos, e do pai me pôs distante:

Vagando a curva terra, o mar profundo,
Longe da pátria, longe da ventura
Minhas faces com lágrimas inundo:

E enquanto insana multidão procura
Essas quimeras, esses bens do mundo,
Suspiro pela paz da sepultura.

XII

A EXISTÊNCIA DE DEUS, PROVADA PELAS OBRAS DA CRIAÇÃO

Os milhões de áureos lustres coruscantes
Que estão da azul abóbada pendendo:
O sol, e a que ilumina o trono horrendo
Dessa, que amima os ávidos amantes:

As vastíssimas ondas arrogantes,
Serras de espuma contra os céus erguendo,
A leda fonte humilde o chão lambendo,
Lourejando as searas flutuantes:

O vil mosquito, a próvida formiga,
A rama chocalheira, o tronco mudo,
Tudo que há Deus a confessar me obriga:

E para crer num braço, autor de tudo,
Que recompensa os bons, que os maus castiga,
Não só da fé, mas da razão me ajudo.

XIV

AFETOS DE UM CORAÇÃO CONTRITO

Oh rei dos reis, oh árbitro do mundo,
Cuja mão sacrossanta os maus fulmina,
E a cuja voz terrífica, e divina
Lúcifer treme no seu caos profundo!

Lava-me as nódoas do pecado imundo,
Que as almas cega, as almas contamina:
O rosto para mim piedoso inclina,
Do eterno império teu, do céu rotundo:

Estende o braço, a lágrimas propício,
Solta-me os ferros, em que choro e gemo
Na extremidade já do precipício:

De mim próprio me livra, oh Deus supremo!
Porque o meu coração propenso ao vício
É, senhor, o contrário que mais temo.

XX

INVOCANDO O AMPARO DA VIRGEM SANTÍSSIMA

Tu, por Deus entre todas escolhida,
Virgem das virgens, tu, que do assanhado
Tartáreo monstro com Teu pé sagrado
Esmagaste a cabeça intumescida:

Doce abrigo, santíssima guarida
De quem te busca em lágrimas banhado,

Corrente com que as nódoas do pecado
Lava uma alma, que geme arrependida:

Virgem, de estrelas nítidas c'roada,
Do Espírito, do Pai, do Filho eterno
Mãe, filha, esposa, e mais que tudo amada:

Valha-me o teu poder, é amor materno;
Guia este cego, arranca-me da estrada,
Que vai parar ao tenebroso inferno!

XXI

Glosando o mote:
"MORTE, JUÍZO, INFERNO E PARAÍSO"

Senhor, que estás no céu, que vês na terra
Meu frágil coração desfeito em pranto,
Pelas ânsias mortais, o ardor, o encanto
Com que lhe move Amor terrível guerra:

Já que poder imenso em ti se encerra,
Já que aos ingênuos ais atendes tanto,
Socorre-me entre os santos sacrossanto,
Criminosas paixões de mim desterra:

Fugir aos laços de um gentil semblante
Não posso eu só: da tua mão preciso,
Com que prostrou David o atroz gigante:

Fira-me, a contrição, torne-me o siso,
Acode-me, Senhor, põe-me diante
"Morte, Juízo, Inferno e Paraíso".

XXIII

DEPLORANDO A SOLIDÃO DO CÁRCERE

Neste horrível sepulcro da existência
O triste coração de dor se parte;
A mesquinha razão se vê sem arte,
Com que dome a frenética impaciência:

Aqui pela opressão, pela violência
Que em todos os sentidos se reparte,
Transitório poder quer imitar-te,
Eterna, vingadora onipotência!

Aqui onde o que o peito abrange, e sente,
Na mais ampla expressão acha estreiteza,
Negra ideia do abismo assombra a mente.

Difere acaso da infernal tristeza
Não ver terra, nem céu, nem mar, nem gente,
Ser vivo, e não gozar da natureza?

XXVI

CONTRA OS QUE NEGAM O LIVRE-ARBÍTRIO NAS AÇÕES HUMANAS

Vós, crédulos mortais, alucinados
De sonhos, de quimeras, de aparências,
Colheis por uso erradas consequências
Dos acontecimentos desastrados:

Se à perdição correis precipitados
Por cegas, por fogosas impaciências,

Indo a cair, gritais que são violências
De inexoráveis céus, de negros fados:

Se um celeste poder tirano, e duro,
Às vezes extorquisse as liberdades,
Que prestava, oh Razão, teu lume puro?

Não forçam corações as divindades;
Fado amigo não há, nem fado escuro:
Fados são as paixões, são as vontades.

XXVIII

VENDO-SE EXPOSTO A TRIBULAÇÕES IMERECIDAS

Não sou vil delator, vil assassino,
Ímpio, cruel, sacrílego, blasfemo;
Um Deus adoro, a eternidade temo,
Conheço que há vontade, e não destino:

Ao saber, e à virtude a fronte inclino;
Se chora e geme o triste, eu choro, eu gemo;
Chamo à beneficência um dom supremo;
Julgo a doce amizade um bem divino:

Amo a pátria, amo as leis, precisos laços
Que mantêm dos mortais a convivência,
E de infames grilhões ouço ameaços!

Vejo-me exposto à rígida violência,
Mas folgo, e canto, e durmo nos teus braços,
Amiga da Razão, pura Inocência.

XXXII

VENDO-SE ENCARCERADO E SOLITÁRIO

Aqui, onde arquejando estou curvado
À lei, pesada lei, que me agrilhoa,
De lúgubres ideias se povoa
Meu triste pensamento horrorizado:

Aqui não brama o Noto anuviado,
O Zéfiro macio aqui não voa,
Nem zune inseto alígero, nem soa
Ave de canto alegre, ou agourado;

Expeliu-me de si a humanidade,
Tu, astro benfeitor da redondeza,
Não despendes comigo a claridade:

Só me cercam fantasmas da tristeza:
Que silêncio! Que horror! Que escuridade!
Parece muda, ou morta a natureza.

XXXIII

AO MESMO ASSUNTO

Tão negro como a turba que vagueia
Na margem do Cocito à luz odioso,
O bando de meus males espantoso
No sepulcro dos vivos me rodeia.

Qual me abala os fuzis da vil cadeia,
Qual me afigura um rótulo afrontoso,
Qual me diz (ai de mim!) que fui ditoso;
Eis deles todos o que mais me anseia.

Tomara reforçar pela amargura
Meu ser, que anda cos fados tão malquisto,
Tomara costumar-me à desventura:

Esquecer-me do bem gozado, e visto,
Pensar que a natureza é sempre escura,
Que é geral este horror, que o mundo é isto.

XXXV

DESCREVE OS SEUS TORMENTOS NO CÁRCERE

Meus dias, que já foram tão luzentes,
Hoje da noite opaca irmãos parecem;
Meus dias miseráveis emurchecem
Longe do gosto, e longe dos viventes:

Horror das trevas, peso das correntes
Olhos, forças me abatem, me entorpecem:
E apenas por momentos me aparecem
Rostos sombrios de intratáveis entes:

Pagam-se da rugosa austeridade;
Antolha-se-lhe um crime, um atentado
Sofrer nos corações a humanidade:

Voai, voai do céu para meu lado,
Ah! Vinde, doce Amor, doce Amizade,
Sou tão digno de vós, quão desgraçado.

XXXIX

PROTESTA PELA SUA INOCÊNCIA, AGREDIDA POR DETRATORES INVEJOSOS

Néscia, vil ignorância, injuriada
Dos vivas, que meu estro me granjeia,
Desce aos infernos, e a calúnia feia
Bramindo extrai da lôbrega morada:

Do monstro de cem bocas escoltada
Por aqui, por ali corre, vagueia,
Em meu nome de lar em lar semeia
Agro ditério, sátira danada:

Em cínico furor me finge aceso,
Venenoso, mordaz, ímpio me chama,
Diz que o jugo de um rei, de um Deus desprezo.

Mas sempre, sobranceiro à baixa trama,
Das pátrias justas leis me é doce o peso,
Amo a religião, e aspiro à fama.

XLIII

O RETRATO DE DEUS, DESFIGURADO POR MINISTROS EMBUSTEIROS

Um Ente, dos mais entes soberano,
Que abrange a terra, os céus, a eternidade;
Que difunde anual fertilidade,
E aplana as altas serras do oceano:

Um númen só terrível ao tirano,
Não à triste mortal fragilidade;

Eis o Deus, que consola a humanidade,
Eis o Deus da razão, o Deus de Elmano:

Um déspota de enorme fortaleza,
Pronto sempre o rigor para a ternura,
Raio sempre na mão para a fraqueza:

Um criador funesto à criatura;
Eis o Deus, que horroriza a natureza,
O Deus do fanatismo, ou da impostura.

XLVII

ABALADO POR FUNESTOS PRESSENTIMENTOS, COLHIDOS EM ALHEIOS SUCESSOS

No abismo tragador da Humanidade
(Dela, dela não só, de quanto existe)
Coa mesma rapidez, Elmano, ah! viste
Sumir-se a florescente, e a murcha idade!

Olha em muros, que veste a escuridade,
Olha a cor de teu fado, a cor mais triste:
Talvez (agora!... agora!...) ele te aliste
No volume, em que lê a eternidade!

Oh tochas funerais! Clarão medonho!
Da morte oh mudas, solitárias cenas!
Em vós arrepiado os olhos ponho!...

Ah! Por que tremes, louco? Ah! Por que penas?
Sonhas num ermo, e surgirás do sonho
Em climas de ouro, em regiões amenas.

XLIX

SENTIMENTOS DE CONTRIÇÃO, E ARREPENDIMENTO DA VIDA PASSADA

Meu ser evaporei na lida insana
Do tropel de paixões, que me arrastava;
Ah! Cego eu cria, ah! mísero eu sonhava
Em mim quase imortal a essência humana:

De que inúmeros sóis a mente ufana
Existência falaz me não dourava!
Mas eis sucumbe Natureza escrava
Ao mal, que a vida em sua origem dana.

Prazeres, sócios meus, e meus tiranos!
Esta alma, que sedenta em si não coube,
No abismo vos sumiu dos desenganos:

Deus, oh Deus!... Quando a morte à luz me roube
Ganhe um momento o que perderam anos,
Saiba morrer o que viver não soube.

L

DITADO ENTRE AS AGONIAS DO SEU TRÂNSITO FINAL

Já Bocage não sou!... À cova escura
Meu estro vai parar desfeito em vento...
Eu aos céus ultrajei! O meu tormento
Leve me torne sempre a terra dura:

Conheço agora já quão vã figura
Em prosa e verso fez meu louco intento;

Musa!... Tivera algum merecimento
Se um raio da razão seguisse pura!

Eu me arrependo; a língua quase fria
Brade em alto pregão à mocidade,
Que atrás do som fantástico corria:

Outro Aretino fui... A santidade
Manchei!... Oh! Se me creste, gente ímpia,
Rasga meus versos, crê na eternidade!

SONETOS HEROICOS E GRATULATÓRIOS

IV

EM LOUVOR DO GRANDE CAMÕES

Sobre os contrários o terror e a morte
Dardeje embora Aquiles denodado,
Ou no rápido carro ensanguentado
Leve arrastos sem vida o Teucro forte:

Embora o bravo Macedônio corte
Coa fulminante espada o nó fadado,
Que eu de mais nobre estímulo tocado,
Nem lhe amo a glória, nem lhe invejo a sorte:

Invejo-te, Camões, o nome honroso;
Da mente criadora o sacro lume,
Que exprime as fúrias de Lieu raivoso:

Os ais de Inês, de Vênus o queixume,
As pragas do gigante proceloso,
O céu de Amor, o inferno do Ciúme.

VI

AO GRANDE AFONSO DE ALBUQUERQUE

Tomando Malaca em vingança da perfídia do rei do país para com os portugueses.

Em bando espesso, em número infinito,
Defende a ponte o bárbaro malaio;
Eis que entre horrores, émulo do raio,
Albuquerque imortal voa ao conflito:

Assim que assoma o claro chefe invicto,
Terror da prole do feroz sabaio,
Gela os netos de Agar frio desmaio,
Os Lusos soltam da vitória o grito:

Vítima são do português Mavorte
Inda aqueles, que mal na fuga alcança,
Leva no ferro transmigrada a morte:

Mas já sobre troféus o herói descansa,
Havendo por seu braço ilustre, e forte,
A pátria, a natureza, os céus vingança.

VIII

AO DR. JOSÉ TOMÁS QUINTANILHA

Que descrevera na excelente glosa de uma quadra o desastre de Leandro e Hero.

Eurindo, caro às Musas, e aos Amores,
Das tágides louças cantor mimoso,
Não danes o almo verso deleitoso,
Não soe o lasso Elmano em teus louvores:

Exprime de Hero as lágrimas, as dores,
Do audaz de Abido o trânsito afanoso,
E em fofos escarcéus Netuno iroso
Mugindo, sufocando-lhe os clamores:

Pinta os males de Amor, de Inês os fados,
Canta as glórias de Amor, canta de Alzira
Os olhos, as madeixas, e os agrados:

Em vez de aviventar coa maga lira
Musa infeliz, que em ânsias, em cuidados,
Em soluços, em ais arqueja, expira.

X

NA MORTE DO SR. D. JOSÉ, PRÍNCIPE DO BRASIL

Louca, cega, iludida Humanidade,
Miserável de ti! Não consideras
Que o barro te gerou, como que esperas
Evadir-te à geral fatalidade!

Pó, que levanta o sopro da vaidade,
Homem caduco e frágil, não ponderas
Que teus bens, teus brasões, tuas quimeras
Nenhum valor terão na eternidade?

Ah! Volta, volta os olhos mais sisudos;
Ali na majestade aniquilada
Te faz o desengano aviso mudo:

Atenta de José na cinza amada:
Que serás, se ele é já, se há de ser tudo
Pasto da Morte, vítima do nada?

XII

À DECADÊNCIA DO IMPÉRIO PORTUGUÊS NA ÁSIA

Por terra jaz o empório do Oriente,
Que do rígido Afonso o ferro, o raio
Ao grão-filho ganhou do grão-sabaio,
Envergonhando o deus armipotente;

Caiu Goa, terror antigamente
Do naire vão, do pérfido malaio,
De bárbaras nações!... Ah! Que desmaio
Apaga o márcio ardor da lusa gente?

Oh séculos de heróis! Dias de glória!
Varões excelsos, que apesar da morte
Viveis na tradição, viveis na história!

Albuquerque terrível, Castro forte,
Meneses, e outros mil, vossa memória
Vinga as injúrias, que nos faz a sorte.

XIV

À LAMENTÁVEL CATÁSTROFE DE D. INÊS DE CASTRO

Da triste, bela Inês, inda os clamores
Andas, Eco chorosa, repetindo;
Inda aos piedosos céus andas pedindo
Justiça contra os ímpios matadores;

Ouvem-se ainda na fonte dos Amores
De quando em quando as náiades carpindo;

E o Mondego, no caso refletindo,
Rompe irado a barreira, alaga as flores:

Inda altos hinos o universo entoa
A Pedro, que da morta formosura
Convosco, Amores, ao sepulcro voa:

Milagre da beleza, e da ternura!
Abre, desce, olha, geme, abraça e c'roa
A malfadada Inês na sepultura.

XV

AS PREDIÇÕES DE ADAMASTOR REALIZADAS CONTRA OS PORTUGUESES

Adamastor cruel! De teus furores
Quantas vezes me lembro horrorizado!
Oh monstro! Quantas vezes tens tragado
Do soberbo Oriente os domadores!

Parece-me que entregue a vis traidores
Estou vendo Sepúlveda afamado,
Coa esposa, e cos filhinhos abraçado,
Qual Mavorte com Vênus e os Amores:

Parece-me que vejo o triste esposo,
Perdida a tenra prole, e a bela dama,
Às garras dos leões correr furioso:

Bem te vingaste em nós do afoito Gama!
Pelos nossos desastres és famoso;
Maldito Adamastor! Maldita fama!

XLVIII

À INTREPIDEZ DO CAPITÃO LUNARDI,

fazendo em 24 de Agosto de 1794, em Lisboa, a sua ascensão aerostática.

> *Tous frissonent pour lui, lui seul est intrépide.*
> L'Abbé Monti, Ode a la Navig. Aérienne

Oh lira festival, por mim votada
Às aras do Prazer, e da Ternura,
Nega-te um dia às graças, à brandura
De Marília gentil, da minha amada!

A suave harmonia efeminada
Grata ao mimoso Amor, e à Formosura.
Os moles sons, de que a Razão murmura,
Converte em sons de que a Razão se agrada:

Ainda que te atroe o negro bando
De torpes gralhas, e a feroz coorte
De inexoráveis zoilos, escumando:

Ressoa, aplaude, exalta o sábio, o forte,
Que além das altas nuvens assomando
Colheu no Olimpo o antídoto da morte!

LII

CONTRA O DESPOTISMO

Sanhudo, inexorável Despotismo,
Monstro que em pranto, em sangue a fúria cevas,
Que em mil quadros horríficos te enlevas,
Obra da Iniquidade, e do Ateísmo:

Assanhas o danado Fanatismo
Porque te escore o trono onde te enlevas;
Porque o sol da Verdade envolva em trevas,
E sepulte a Razão num denso abismo:

Da sagrada Virtude o colo pisas,
E aos satélites vis da prepotência
De crimes infernais o plano gizas:

Mas, apesar da bárbara insolência,
Reinas só no ext'rior, não tiranizas
Do livre coração a independência.

LIII

ASPIRAÇÕES DO LIBERALISMO, EXCITADAS PELA REVOLUÇÃO FRANCESA, E CONSOLIDAÇÃO DA REPÚBLICA EM 1797

Liberdade, onde estás? Quem te demora?
Quem faz que o teu influxo em nós não caia?
Por que (triste de mim)! por que não raia
Já na esfera de Lísia a tua aurora?

Da santa redenção é vinda a hora
A esta parte do mundo, que desmaia:
Oh! Venha... Oh! Venha, e trêmulo descaia
Despotismo feroz, que nos devora!

Eia! Acode ao mortal, que frio e mudo
Oculta o pátrio amor, torce a vontade,
E em fingir, por temor, empenha estudo:

Movam nossos grilhões tua piedade;
Nosso númen tu és, e glória, e tudo,
Mãe do gênio e prazer, oh Liberdade!

LIV

REPRODUÇÃO DO ANTECEDENTE, ESTANDO O AUTOR PRESO

Liberdade querida, e suspirada,
Que o Despotismo acérrimo condena;
Liberdade, a meus olhos mais serena
Que o sereno clarão da madrugada!

Atende à minha voz, que geme e brada
Por ver-te, por gozar-te a face amena;
Liberdade gentil, desterra a pena
Em que esta alma infeliz jaz sepultada:

Vem, oh deusa imortal, vem, maravilha,
Vem, oh consolação da humanidade,
Cujo semblante mais que os astros brilha:

Vem, solta-me o grilhão da adversidade;
Dos céus descende, pois dos céus és filha,
Mãe dos prazeres, doce Liberdade!

SONETOS JOVIAIS E SATÍRICOS

XXII

RETRATO PRÓPRIO

Magro, de olhos azuis, carão moreno,
Bem servido de pés, meão na altura,
Triste de facha, o mesmo de figura,
Nariz alto no meio, e não pequeno:

Incapaz de assistir num só terreno,
Mais propenso ao furor do que à ternura;
Bebendo em níveas mãos por taça escura
De zelos infernais letal veneno:

Devoto incensador de mil deidades
(Digo, de moças mil) num só momento,
E somente no altar amando os frades:

Eis Bocage, em quem luz algum talento;
Saíram dele mesmo estas verdades
Num dia em que se achou mais pachorrento.

XXIII

SEGUNDO RETRATO

De cerúleo gabão, não bem coberto,
Passeia em Santarém chuchado moço,
Mantido às vezes de sucinto almoço,
De ceia casual, jantar incerto:

Dos esburgados peitos quase aberto,
Versos impinge por miúdo e grosso;
E do que em frase vil chamam *caroço,*
Se o quer, é *vox clamantis in deserto*:

Pede às moças ternura, e dão-lhe motes!
Que tendo um coração como estalage,
Vão nele acomodando a mil pexotes:

Sabes, leitor, quem sofre tanto ultraje,
Cercado de um tropel de franchinotes?
É autor do soneto; – é o Bocage!

XXVII

DESCREVE UMA SESSÃO DA "ACADEMIA DE BELAS-LETRAS DE LISBOA", MAIS CONHECIDA PELA DENOMINAÇÃO DE "NOVA ARCÁDIA"

Preside o neto da rainha Ginga
À corja vil, aduladora, insana:
Traz sujo moço amostras de chanfana,
Em copos desiguais se esgota a pinga:

Vem pão, manteiga, e chá, tudo à catinga;
Masca farinha a turba americana;
E o orangotango a corda à banza abana,
Com gestos e visagens de mandinga:

Um bando de comparsas logo acode
Do fofo Conde ao novo Talaveiras;
Improvisa berrando o rouco bode:

Aplaudem de contínuo as frioleiras
Belmiro em ditirambo, o ex-frade em ode;
Eis aqui de Lereno as quartas-feiras.

XXVIII

AOS SÓCIOS DA NOVA ARCÁDIA

Vós, ó Franças, Semedos, Quintanilhas,
Macedos, e outras pestes condenadas;
Vós, de cujas buzinas penduradas
Tremem de Jove as melindrosas filhas:

Vós, néscios, que mamais das vis quadrilhas
Do baixo vulgo insossas gargalhadas,
Por versos maus, por trovas aleijadas,
De que engenhais as vossas maravilhas:

Deixai Elmano, que inocente e honrado
Nunca de vós se lembra, meditando
Em coisas sérias, de mais alto estado:

E se quereis, os olhos alongando,
Ei-lo! Vede-o no Pindo recostado,
De perna erguida sobre vós...!

XXXIII

À NOVA ARCÁDIA

Oh triste malfadada Academia!
O vate Elmano em sátiras se espraia;
Fervem correios ao loquaz Talaia,
Que a todos teu descrédito anuncia:

Apolo exulta, o povo te assobia;
A glória tua em convulsões desmaia;
Ah! primeiro que a pobre em terra caia,
Corte-se o voo da fatal porfia:

Ao satírico audaz põe duro freio,
Pune o declamador, que te flagela;
Dá-lhe assento outra vez no magro seio:

Bem como a quem profana uma donzela,
Que em pena do afrontoso estupro feio
Fazem próvidas leis casar com ela.

XLIII

AO PADRE JOAQUIM FRANCO DE ARAÚJO FREIRE BARBOSA,

vigário da igreja de Almoster

Conhecem um vigário de chorina,
De insulsa frase, de ralé maruja?
Sapo imundo, que bebe, ou que babuja
No que deita por fora a Cabalina?

Este é um tal Franco, um tal sovina,
Que orelhas mil e mil com trovas suja,
Digno rival do mocho, e da coruja
Quando a voz desenfreia, a banza afina:

Faz versos em francês, francês antigo,
Em gíria de Veneza, e finalmente
Em corrupto espanhol; leve o castigo:

Ele diz que são bons, e os mais que mente;
Põe mãos à obra, faze o que te digo,
Chicoteia esse bruto, e crê na gente.

XLIV

AO MESMO

O mundo a porfiar que o Franco é tolo,
O Franco a porfiar que o mundo mente!
Irra! o padre vigário é insolente,
Raspem-lhe as mãos, e ferva-lhe o carolo:

Da brilhante razão jamais o rolo
Lhe entrou no casco, lhe raiou na mente;
Mas como a natureza é providente,
Com a bazófia supre-lhe o miolo:

Ora, vão trovador do "Herói do Egito",
Tu não ouves, não vês o que se passa
Acerca dos papéis, que tens escrito?

A cópia de "Gessner" deu-se de graça;
"Psique" jaz de capela e de palmito;
"Sesóstris" infeliz morreu de traça.

L

A UM CÉLEBRE MULATO JOAQUIM MANUEL, GRANDE TOCADOR DE VIOLA E IMPROVISADOR DE MODINHAS

Esse cabra, ou cabrão, que anda na berra,
Que mamou no Brasil surra e mais surra,
O vil estafador da vil bandurra,
O perro, que nas cordas nunca emperra:

O monstro vil, que produziste, ó terra,
Onde narizes natureza esmurra,

Que os seus nadas harmônicos empurra,
Com parda voz, das paciências guerra:

O que sai no focinho à mãe cachorra,
O que néscias aplaudem mais que a "Mirra",
O que nem veio de prosápia forra:

O que afina inda mais quando se espirra,
Merece à filosófica pachorra
Um corno, um passa-fora, um arre, um irra.

LI

AO MESMO

Vivem por aí alguns de várias tretas,
Com um eu esbravejo, em outros mango;
Que ópio dás ao machete orangotango,
Tu, glória das carrancas semipretas!

Quando acompanhas de infernais caretas
Insípido lundum, ou vil fandango,
Não posso tal sofrer: eu ardo, eu zango,
Que no auge do assombro te intrometas:

Crespo Aríon, Orfeu de carapinha,
Já de sobejo tens fartado a gana
No seio da formosa pátria minha:

Com faro de chulice americana
Para o cálido sul cortando a linha
Vai cevar-te no coco, e na banana.

LXII

FEITO NUM INTERVALO DA SUA FINAL MOLÉSTIA

Se eu pudera ir de tralha, ir à surdina
Por aí! Forte sede, e forte gana
De zurrapa, de atum, de ti, chanfana,
De ti, que dos pingões és gulosina!

Que tempo em que eu com súcia, ou grossa, ou fina,
Para a Tia Anastácia (a tal cigana)
Ia, e vinha depois coa trabuzana
A remos, no mar roxo, ou à bolina!

Quando hás de consentir, cruel Fortuna,
Ao magro, de olho azul, de tez morena
O bem de andar a flaino, e de ir a tuna?...

Mas ai! Maldito som, que me condena!
Diz, ó Fado, ao besouro, que não zuna...
Aí me chama algum – *Alma pequena!*

ODES

III

AO SENHOR ANDRÉ DA PONTE DO QUENTAL E CÂMARA

O tirano de Roma empunha o raio;
Despede-o contra Sêneca inocente,
Ao sábio preceptor fulmina a morte
    O discípulo ingrato.

De Nero à dura voz se amorna o banho,
As veias se retalham, corre o sangue,
Avermelham-se as águas, folga o monstro,
    O filósofo expira.

Sócrates imortal, que um Deus proclama,
O mestre de Platão, lá comparece
De acusadores vis enegrecido
    No corrupto Areópago.

De altas meditações, de altas virtudes
Colhe... (que fruto!) a gélida cicuta;
Cai em silêncio eterno, eterno sono
    O oráculo de Atenas.

No abismo do infortúnio, da indigência
Agonizam Camões, Pachecos morrem;
Mendigo, e cego, pela iníqua pátria
    Erra o grão Belisário.

De atros vapores, de tartáreas sombras
Nomes augustos a calúnia abafa,
Té que rebente um sol da noite do Erro,
    A Razão justiçosa.

Os homens não são maus por natureza;
Atrativo interesse os falsifica,
A utilidade ao mal, e ao bem o instinto
    Guia estes frágeis entes.

Enquanto das paixões ativo enxame
Ferve no coração, revolve o peito,
Perde o caráter, o equilíbrio perde
    A Retidão sisuda.

Eis surge imparcial Posteridade
Na dextra sopesando etéreo facho;
Tu, cândido, gentil Desinteresse,
    Tu lhe espertas a flama.

O Critério sagaz, à frente de ambos,
Aparências descrê, razões combina,
Esmiúça, deslinda, observa, apura;
    E depois sentencia.

Já sem nódoa a virtude então rutila,
Já sem máscara o vício então negreja,
Desce ao túmulo a Glória, heróis arranca
    Aos domínios da morte.

Se não somos heróis, se em nós, ó Ponte,
Afoiteza não há, não há constância,
Para com férrea mão suster da pátria
    A nutante ventura:

Se em útil, em moral filosofia
Não damos aos mortais a lei, o exemplo;
Se dos luzeiros sete à clara Grécia
    O grau não disputamos;

Nossos nomes, amigo, alçados vemos
Acima dos comuns: ama-nos Febo,
As Musas nos enlouram; cultos nossos
    Mansa Virtude acolhe.

Em tenebrosos cárceres jazemos;
Falaz acusação nos agrilhoa;
De opressões, de ameaços nos carrega
    O rigor carrancudo;

Mas puro dom dos Céus, alva inocência,
Esta afronta, este horror nos atavia;
Íntima candidez compensa as manchas
    Da superfície escura.

Males com a existência andam cosidos;
Desde o primário ponto do universo
Esta amarga semente sobre a terra
    Caiu da mão dos fados.

Entanto que a raiz tenaz, fecunda
Infecta o coração da natureza,
Os tugúrios sufoca, assombra os tronos
    A venenosa rama.

Que muito que empeçonhe os nossos dias
O que os séculos todos envenena!
Não merecer-se o mal é jus, é parte
    Para sentir-se menos.

Deixemos a perversos delatores
Os filhos do terror, fantasmas negros,
Que o medonho clarão da luz interna
      Assopram sobre os crimes.

Se a verdade entre sombras esmorece,
Se das eras tardias pendo, e pendes,
Para o são tribunal, que ao longe assoma,
      Eia, amigo, apelemos.

Também há para nós posteridade,
Quando lá no sepulcro em cinzas soltos
Não pudermos cevar faminta inveja,
      Calúnia devorante:

Os vindouros mortais irão piedosos
Ler-nos na triste campa a história triste,
Darão flores, ó Ponte, às liras nossas,
      Pranto a nossos desastres.

IV

ALEGÓRICO-MORAL: O QUADRO DA VIDA HUMANA

De porto mal seguro a turvo pego
Sai mesquinho baixel com raras velas,
Vai crespas ondas pávido talhando
      À discrição dos ventos:

Nauta inexperto lhe dirige o leme,
Chusma bisonha lhe mareia o pano;
De um lado fervem Sirtes, de outro lado
      Navífragos penedos:

Sussurrante chuveiro os ares cerra,
Luz sulfúreo clarão de quando em quando,
D'iminente procela os negros vultos
    Fero estrago ameaçam:

Já bravos escarcéus, que se amontoam,
Por cima do convés soberbos saltam:
Prossegue na derrota o débil pinho,
    Das vagas quase absorto.

Depois de longamente haver corrido,
A estrada desigual com céus adversos,
Em lugar de colhê-lo, o pano aumenta,
    Desafia o naufrágio:

Imaginária terra se lhe antolha,
De mil, e mil venturas semeada:
Anelas por surgir no porto amigo,
    Cobiçosa Esperança:

Para cevar o horror mais campo havendo,
A torva tempestade então mais zune,
Em raios, em tufões todo o ar converte
    Todo o pélago em serras:

O mísero baixel desmantelado
Aos duros encontrões do mar, do vento,
Sobe às estrelas, aos abismos desce
    Entre o pavor, e a morte:

Súbito acode próvido piloto,
Que oprimido até'li jazera em ferros
Num vil cárcere escuro, onde rebeldes
    O tinham sopeado:

Estende a mão forçosa, aferra o leme,
O lenho desafronta, o rumo escolhe,
Com saber eficaz, com alta indústria
      Vai sustendo a tormenta.

Já volumosas nuvens se adelgaçam,
O vento se amacia, o mar se aplana:
Do benigno Santelmo o tênue lume
      Reluz no aéreo tope.

Reina um pouco a suave, azul bonança;
Mas eis se tolda o céu de novas sombras;
Mais negra, mais feroz, mais horrorosa
      Ressurge a tempestade.

O sábio diretor, que todo ufano
Da recente vitória inda folgava,
A repetido assalto opõe debalde
      Arte, vigor, constância.

Tremendo aos furacões impetuosos
Lá descorçoa enfim, lá desalenta;
Coa máquina infeliz, que já não rege,
      Misérrimo soçobra:

Oh ente racional! Oh ente frágil!
Escravo das paixões, que te arrebatam!
Olhos sisudos neste quadro emprega:
      Eis o quadro da vida.

VIII

AO EX.ᵐᵒ SENHOR LUÍS DE VASCONCELOS
SOUSA VEIGA CAMINHA E FARO, ETC.

Musa de Elmano, que giraste aflita
      Por inóspitos mares,
Onde curtiste os sopros, que de Éolo
      Os rápidos ministros
Vibram das frias procelosas fauces;
      Ó fiel companheira
De meus prazeres vãos, meus longos males,
      Afinemos a lira
De lágrimas inúteis orvalhada;
      A lira maviosa
Que as roucas tempestades, cor do inferno
      E o raio pavoroso
Para longe de nós afugentara.
      Se da tórrida zona
Os bárbaros e adustos moradores
      Surdos, férreos ouvidos
Para teus sons harmônicos tiveram;
      Se a loquaz Ignorância
Sobre as margens auríferas do Ganges
      Cum sorriso afrontoso
As vis espadas te voltou mil vezes;
      Se a vasta, a fértil China,
Fofa de imaginária antiguidade,
      Pelo seu pingue seio
Te viu com lasso pé vagar mendigo;
      Se a mirrada Avareza
Aferrolhando os cofres prenhes de ouro
      Lá onde o Sol o gera
Foi mais dura que mármore a teus versos;
      Se até agora a Desgraça

De espessa névoa carregou teus dias,
    E qual a inseparável,
Contínua sombra, perseguiu teu passo;
    Eis a hora, eis a hora
Que o grão Jove remiu a turva série
    Dos teus lúgubres anos
Para princípio da feliz mudança
    Que destina a teu fado.
Tu pois, de rubra cor tingindo a face
    Que as mágoas desbotaram,
Tateia, ó Musa minha, as tênues cordas:
    Olha a leda Esperança,
Universal tesouro; ei-la apontando
    Para a pomposa estância
Do singular varão, do herói sublime
    Que as virtudes laureiam.
Entremos pelo pórtico espaçoso,
    Onde jaz a piedade
Pronta a dar acolheita aos infelices:
    Eia, Musa, tentemos
Os marmóreos degraus... eia, subamos
    Ao brilhante aposento
Do ilustre Vasconcelos, cujo nome
    De clima em clima a Fama
Por cem bocas alígera semeia:
    Vasconcelos, que ainda
Na dilatada América opulenta
    Pela intacta Justiça,
Pela terna Saudade é suspirado:
    Vasconcelos, aquele
Que de um sorriso, ó Musa, honrou teu canto
    Lá na tépida margem
Do límpido Janeiro, que a cerúlea
    Gotejante cabeça

Tantas vezes alçou da vítrea gruta
    Para urdir-lhe altos hinos
Entre o coro das mádidas Nereidas:
    Vasconcelos, o grande,
O sábio, o justo, o benfeitor, o amigo
    Dos que a cega Fortuna
Com despótica mão na roda errante
    A seu capricho agita,
A seu... porém que vejo! Excelso objeto,
    Venerável semblante,
Herói, prole de heróis, eu te saúdo,
    Como o pálido nauta
Que, descalços os pés, as mãos erguidas,
    Curvados os joelhos,
Perante o Rei dos reis, o Deus dos deuses,
    Crebras graças lhe envia,
E sobre os sacros mármores do templo
    O roto pano estende,
Salvo das fúrias do terrível Bóreas!
    Eu te saúdo, oh alma
Que brilhas entre as mais, qual entre os astros
    A noturna Diana,
Quando com plena luz o argênteo rosto
    Aos mortais apresenta!
Senhor, teus olhos compassivo abaixa
    Para o lânguido objeto,
Que a má ventura te arremessa às plantas.
    Em vão cansei té agora
Com ais o céu, com lágrimas a terra:
    O almo calor divino
O milagroso dom, que a raros cabe,
    Que do lôbrego inferno
As férreas portas hórridas arromba
    E que das mãos a Dite

Rouba as Tenáreas chaves, o ígneo cetro,
 Enternecendo as Fúrias,
Adormentando o cão de três gargantas,
 Já seu mágico efeito
Não produz nos mortais; de todos eles
 Só tu, só tu me restas.
Ah! Punjam-te meus ais, meus ais te firam;
 Doura, doura a pesada
Negra cadeia de meus tristes dias
 Condenados ao pranto,
Que poder contra ti não tem meu Fado.
 Em magníficas mesas
Lautos festins o paladar cobice
 Do voraz parasito:
A precisa, a saudável temperança
 Sacrificar deseje
A perniciosa gula; anele embora
 Áureas taças fragrantes
Do itálico falerno, e cíprio néctar:
 Embora o bruto avaro
Vele junto do cheio, inútil cofre,
 Do cárcere precioso,
Onde tem sepultada a vã riqueza;
 Nutra-lhe a fome insana,
Ceve-lhe os olhos o reflexo do ouro,
 Seu ídolo, seu tudo;
Que eu só quero, senhor, obter o asilo
 Que dás aos desgraçados,
Que me deves também, pois tal me observas.
 Do teu favor o escudo
Rechace os golpes, que me vibra o Fado;
 Com força mais que humana,
Qual de Palas a égide impenetrável,
 Petrifique as sanhudas

Horrendas mãos da acérrima Desgraça,
    Contra mim prontas sempre.
Das garras da Penúria desarreiga
    O infeliz, que te invoca;
Se é possível crescer teu vasto nome,
    Só assim o acrescentas.

XIII

À SANTÍSSIMA VIRGEM A SENHORA DA ENCARNAÇÃO

Acatamento em si e audácia unindo,
Sobre o jus de imortal firmando os voos,
A impávida Razão, celeste eflúvio,
    Se eleva, se arrebata.
Por entre imensa noite e dia imenso
(Mercê do condutor, da Fé, que a anima)
Sobe de céus em céus, alcança ao longe
O grão Princípio dos princípios todos.

Além do firmamento, além do espaço
Que, por lei suma, franqueara o seio
A mundos sem medida, a sóis sem conto,
    Imóvel trono assoma:
De um lado e de outro lado é todo estrelas;
Vence ao diamante a consistência, o lume;
Absortos cortesãos o incensam curvos,
Tem por base, e dossel a eternidade.

Luz, de reflexos três, inextinguível,
Luz, que existe de si, luz de que emanam
A natureza, a vida, o fado, a glória,
    Dali reparte aos entes

Altas virtudes, sentimento augusto;
Aos entes, que na Terra extraviados,
Das rebeldes paixões entre o tumulto
Ao grito do remorso param, tremem.

Filho do Nada! Um Deus te vê, te escuta!
Seus olhos imortais do empíreo cume
(Aos teus imensidade, aos d'Ele um ponto)
      Atentaram teus dias,
Teus dias cor da morte, ou cor do inferno;
De alma em alma grassando a peste avita;
Hálito de serpente enorme, infesta,
Da primeva inocência a flor crestara:

Aos dois (como Ele) do Universo origem
Diz o Nume em si mesmo: – "O prazo é vindo;
Cumpra-se quanto em nós disposto havemos".
      Eis o Espírito excelso,
Radiosa emanação do Pai, do Filho,
Mística pomba de pureza etérea,
À donzela Idumeia inclina os voos,
Pousa, bafeja, e diviniza o puro.

Tu, Verbo, sobrevéns; aérea flama
Com tanta rapidez não sulca o polo!
Eis alteado o grau da humanidade;
      Eis fecunda uma virgem:
A redenção começa, o Deus é homem.
Da graça, da inocência, oh paz, oh risos,
Do céu vos deslizais, volveis ao mundo!
Caí, torres de horror, troféus do Averno!

Que estrondo!... Que tropel!... Ao negro abismo
Que desesperação revolve o bojo!...

Para aqui, para ali por entre Fúrias
      O sacrílego monstro,
O rábido Satã em vão blasfema.
Lá quer de novo arremeter ao mundo;
Mas vê rapidamente aferrolhado
O tartáreo portão com chave eterna.

Enquanto brama, arqueja enquanto o fero
Morde, remorde as mãos, e a boca horrenda
(As espumas veneno, os olhos brasas)
      Mulher divina exulta;
Celestial penhor, que os anjos cantam,
Que as estrelas, que o Sol, que os céus adoram,
Virgem submissa, mereceu na terra
Circunscrever em si do empíreo a glória.

Salve, oh! salve, imortal, serena diva,
Do Nume oculto incombustível sarça,
Rosa de Jericó por Deus disposta!
      Flor, ante quem se humilham
Os cedros, de que o Líbano alardeia!
Ah! no teu grêmio puro amima os votos
Aos mortais de que és mãe: seu pranto enxugue,
Seus males abonance um teu sorriso.

XXIV

AO SENHOR NUNO ÁLVARES PEREIRA
PATO MONIZ

> *Carminibus quaero miserarum oblivia rerum.*
>   OVÍDIO

Já meu estro, Moniz, apenas solta
      Desmaiadas faíscas,

Em que as frouxas ideias mal se aquecem;
    Elmano do que há sido
Qual no gesto desdiz, desdiz na mente:
    Diástole tardia
Já da fonte vital me esparge a custo
    O licor circulante,
Que é rosa entre os jasmins de virgem face;
    Que outrora esperto, aceso
De santa agitação, de ardor sagrado,
    No cérebro em tumulto
(Estância então de um deus!) me borbulhava.
    Respiração divina,
Entusiasmo augusto, alma do vate!
    Que rápidos portentos
Portentos em tropel, não deste à Fama,
    Não deste à Natureza,
À Pátria, ao Mundo, a Amor na voz de Elmano!
    Ora aplanando os sulcos
Com que a satúrnia mão semblantes lavra,
    A Razão pensadora
Erguia aos graves sons o grave aspecto;
    Ora, ao ver-se anteposto
Por deleitosa insânia, a ela, a tudo,
    O grato, cíprio númen
Fadava docemente o doce canto
    No coração de Anália.
Oh êxtase, oh relâmpagos da glória!
    Faustos momentos de ouro,
Com que meu grau comprei na eternidade!
    Do tempo meu voando,
Do tempo, que anuviam negros males,
    Brilhais ainda em minh'alma,
Entre sombrias, áridas ideias,
    Qual entre aves escuras

(Órgãos do agouro, intérpretes da morte)
Requebros arrulando
Das aves de Cítera o coro alveja!...
Mas ah, saudosos dias,
Vós sois memória só, não sois influxo!
Não me reluz convosco
O espírito, abismado em fundas trevas,
Com gasto, débil fio
Preso à matéria vil, que ralam dores!
Ante meus olhos tristes
(Que já d'amiga luz se despediram)
Sai da eterna voragem
Vapor funéreo, que exalais, oh Fados!
Eis meu termo negreja,
Eis no marco fatal meu fim terreno!...
Mas surgirei nos astros
Para nunca morrer; com riso impune
Lá zombarei da Sorte.
Moniz, oh puro amigo! Oh sócio, oh parte
Do já ditoso Elmano!
Às Musas, como a mim suave, e caro!
De lágrimas e flores
Honra-me a cinza, o túmulo me adorna.
Não só longa amizade,
Novo, sacro dever te exige extremos:
Da lira minha herdeiro
Meu nume Fevo, e teu, te constitui;
Febo após mim te augura
Vasto renome, que sobeje aos evos:
(É dos anos vantagem,
Não vantagem do engenho a precedência)
Teu metro majestoso
Que, já todo fulgor, zoilos deslumbra,
Teu metro cintilante

Das Virtudes mimoso, aceito às Graças.
      Turvem saudades: canta
Alguma vez de Elmano, e chora-o sempre,
      E Amor, e Anália o chorem:
Amor, e Anália, meus piedosos numes,
      Sem mim, por mim suspirem.

CANÇÕES

I

O ADEUS

Suave habitação da minha amada,
Das Graças, e de Amor! Feliz morada,
    Onde as mãos da Ventura
C'roaram minha fé singela, e pura;
Onde inflamado exp'rimentou meu peito
Que há no mundo também prazer perfeito:

Leves Favónios, leves passarinhos,
Que, pousados nas flores e raminhos,
    Em silêncio me ouvistes
Canções alegres, e suspiros tristes,
Porque inda o mais ditoso, enquanto adora,
Canta umas vezes, outras vezes chora:

Tejo, que à minha voz abonançavas,
Que, para me atender, nem murmuravas,
    Quando injustos ciúmes
Me arrancaram mil prantos, mil queixumes;
Quando à bela constância de Gertrúria
Fiz com suspeitas vãs cruel injúria:

Antiga pátria minha, e lar paterno,
Penates, a quem rendo um culto interno;
    Lacrimosos parentes,
Que inda na ausência me estareis presentes;
Adeus! Um vivo ardor de nome, e fama
A nova região me atrai, me chama.

Ó vós, que nos altares da Amizade
Votastes exemplar fidelidade,
     Vasconcelos, Couceiro,
Liz benfeitor, Andrade prazenteiro,
Vós, que em doce união viveis comigo,
Ouvi o terno adeus de um terno amigo.

Os mares vou falhar, cujos furores
Descreve o grão cantor, por quem de amores
     Inda as Musas suspiram:
Aqueles mares, onde os Gamas viram
Do rebelde, horrendíssimo gigante
Os negros lábios, o feroz semblante.

Quer a sorte, propícia a meu desejo,
Manda-me a Honra, cujas aras beijo,
     Que com férvido brio
Contemple os muros da invencível Diu,
Donde, ó Silveiras, Mascarenhas, Castros,
Foi soar vossa fama além dos astros.

Nos climas, onde mais do que a história
Vive dos Albuquerques a memória;
     Nos climas, onde a guerra
Heróis eternizou da lísia terra,
Vou ver, se acaso a meu destino agrada
Dar-me vida feliz, ou morte honrada.

Sufocai vossa dor, porque os gemidos
Só às desgraças é que são devidos;
     E, apesar da ternura,
Considerai que é sólida ventura
Seguir de altos varões o ilustre exemplo;
Por espinhos se vai da Glória ao templo.

Adeus, sócios fiéis; e tu, querida,
Cujos olhos nesta alma, à tua unida,
    O primeiro empregaram
Amoroso farpão, que dispararam,
Abafa os tristes, cândidos suspiros,
Com que me vibras perigosos tiros.

Por entre a chuva de mortais pelouros
A nua fronte enriquecer de louros
    Eu procuro, eu desejo,
Para teus mimos desfrutar sem pejo;
Pois quem deste esplendor se não guarnece,
Não é digno de ti, não te merece.

Eu te levo, meu bem, no pensamento;
Não armes contra mim neste momento
    O novo, o doce encanto
Que recebem teus olhos de teu pranto:
Generosa paixão de ti me afasta:
Adeus, Gertrúria, adeus, não chores, basta.

    Canção, fica segura
Nas mãos da ninfa lacrimosa e bela;
Serás consolação, e alívio dela:
Pelos olhos da mãe Cupido o jura.

II

O CIÚME

Agora, que ninguém vos interrompe,
Lágrimas tristes, inundai-me o rosto,
Mais do que nunca; assim o quer meu fado:
Enquanto o gume de mortal desgosto

Me não retalha os amargosos dias,
Debaixo destas árvores sombrias
Grite meu coração desesperado,
      Meu coração cativo,
Que só tem nos seus ais seu lenitivo.

Alterosas, frutíferas palmeiras,
Vós, que na glória equivaleis aos louros,
Vós, que sois dos heróis mais cobiçadas
Que áureos diademas, que reais tesouros,
Escutai meus tormentos, meus queixumes,
Meus venenosos, infernais ciúmes;
Ouvi mil penas, por Amor forjadas,
      Mil suspiros, mais tristes
Que todos esses, que até'qui me ouvistes.

Aqueles campos, aprazíveis campos,
Que além verdejam, de meu mal souberam
A desgraçada, mas suave origem:
Ali de uns olhos os meus ais nasceram;
Ali de um meigo, encantador sorriso,
Que arremeda o sereno paraíso,
Brotaram mil infernos, que me afligem,
      Que as entranhas me abrasam,
Que meus olhos de lágrimas arrasam:

Ali de uns lábios, onde as Graças brincam,
Ouvi suspiros, granjeei favores,
Ali me disse Anarda o que eu não digo;
Ali, volvendo os ninhos dos Amores,
Cravou nest'alma, para sempre acesa,
As perigosas frechas da beleza;
Ali do próprio mal me fez amigo,
      Ali banhou meu rosto
Parte do coração, desfeita em gosto.

Novas campinas testemunhas foram
De nova glória, de maior ventura,
Tal, que julguei, logrando-a, que sonhava:
Entre as doces prisões da formosura,
Entre os cândidos braços deleitosos,
Meus crestados desejos amorosos
No alvo rosto, que o pejo afogueava,
      No néctar... ah! que eu morro,
Se em vós, furtivos êxtases, discorro!

Amor! Amor! Teus júbilos excedem
Da loira abelha os engenhosos favos,
Mais gratos são que as flores teus sorrisos:
Gostei todos os bens, que aos teus escravos
Fazem tão leve a rígida cadeia,
Tão doce a chama, que no peito ondeia:
Mas oh! Cruéis teus dons, cruéis teus risos,
      Princípio do tormento,
Que já me tem delido o sofrimento.

Miserável de mim! Qual o piloto,
Que lera nos azuis, filtrados ares
Indícios de uma sólida bonança,
E eis que vê de repente inchar os mares,
Vestir-se o céu de nuvens, donde chove
O fogo vingador, que vibra Jove;
Tal eu, quando supus mais segurança
      No meu contentamento,
O vi fugir nas asas de um momento.

Anarda, Anarda pérfida, teus olhos,
Onde Amor traz escrita a minha sorte,
Teus mimos por mim só não são gozados!
Oh desesperação, pior que a morte!
Oh danados espíritos funestos,

De hórridos vultos, de terríveis gestos,
Moderai vossa queixa, e vossos brados,
      Que as penas do profundo
Também, também se encontram cá no mundo!

Ver outro disputar-me o caro objeto,
Em cujas lindas mãos pus alma, e vida,
Não me arranca suspiros: o tormento,
Que no peito me faz mortal ferida,
O maior dos tormentos, ó perjura,
É ver, que de outrem sofres a ternura:
É ver, que dás calor, que dás alento
      A seus mimos, e amores
Cum riso, precursor de mil favores.

Tu não foges de mim, tu não te esquivas
Destes olhos, que em ti cativos andam;
Delícias, onde pasma o pensamento,
Doces instantes meu ciúme abrandam:
Mas ah! Não é só minha esta ventura,
Meu vaidoso rival a tem segura.
Que indigna variedade! Em um momento
      Teus olhos inconstantes
Acarinham sem pejo a dois amantes.

Honra, Virtude, Agravo, e Desengano
Me gritam n'alma, que sacuda os laços,
Que tanto sofrimento é já vileza;
Ouço-os, protesto desdenhar teus braços,
Protesto, ingrata, converter meus cultos
Em mil desprezos, irrisões, e insultos:
Mas ah! Protestos vãos, baldada empresa!
      Sou a amar-te obrigado;
Não é loucura o meu amor, é fado.

Canção, vai suspirar de Anarda aos lares;
Mas se não lhe firmares
O instável coração, deixa a perjura,
E iremos sossegar na sepultura.

III

O DESENGANO

    Alma ferida e cega,
      Que em grilhões vergonhosos
Adoras a mão ímpia, que te entrega
A males tão cruéis, e tão penosos,
Como os que sentem no maldito Averno
Os condenados entre o lume eterno:

    Alma cega, e perdida
      Que a doce liberdade,
O gosto, as horas, o descanso, a vida
Consagras à maligna divindade,
Antes ao monstro, que produz, que gera
Veneno inda pior que o de Megera:

    Basta, faz em pedaços
      (Porque a razão te grita)
Faze, que é tempo, esses indignos laços,
Essas cadeias vis: ó alma aflita,
A virtude, a verdade, o céu te valha;
Vence a terrível, infernal batalha.

    Conhece o baixo objeto,
      Que em triunfo te arrasta;
Cuidas que um meigo, deleitoso aspecto
Para dourar os teus excessos basta?

Cuidas que um belo riso, um ar benigno,
Filho da infâmia, de ternura é digno?

    Que engano! A formosura
     Sem modéstia, sem pejo
Tédio, tédio merece, e não ternura;
Eia, pois, de um frenético desejo
Enfreia, apaga os ímpetos, a chama,
E lava a nódoa, com que Amor te infama.

    Que afronta! Que vileza!
    Alma triste, alma escrava
De uma profana, sensual beleza,
De uns olhos falsos, donde Amor te crava
Mil setas, cuja ponta aguda, e forte
Ervou no opaco inferno a mão da Morte:

    Rasga o véu da cegueira
    Fatal, que te alucina:
Observa a criminosa, a lisonjeira,
Observa a loba má, que te domina,
Vê seus dolosos beiços nacarados
Fartando peitos vis com vis agrados.

    Contempla a desprezível:
    De afagos nunca escassa,
Sem pudor, para todos é sensível;
Este chama, outro amima, aquele abraça:
Ei-la com frouxos ais, úmidos beijos
Matando num minuto a mil desejos.

    Olha aonde te abrasas:
    Em torno dela o Vício
Bate as lodosas, peçonhentas asas;

E, qual submissa ovelha ao sacrifício,
Ele de Vênus ao altar nefando
A leva pela mão de quando em quando.

      As lágrimas, que viste
      Na pérfida, que adoras,
São gerais; os suspiros, que lhe ouviste,
Não são teus, são comuns; alegres horas
Como contigo, com mil outros passa:
Vê-lhe a baixeza, esquece-te da graça.

      Por gosto, e por costume,
      Não por domar a ardência
Do teu negro, pestífero ciúme,
Te sacrifica os teus rivais na ausência,
Que, em favor das traições, com que trafica,
N'ausência aos teus rivais te sacrifica.

      Oh alma! Oh liberdade,
      Eu vos sinto abaladas
Pelas vozes da rígida verdade:
Vossas cadeias, por Amor forjadas,
Desejais sacudir... sim, já vos vejo
Olhar os ferros com horror, com pejo:

      Estais já forcejando
      Contra o peso insofrível,
Oh liberdade! Oh alma! Estais bramando
Com ânsia, com furor, crendo impossível
Romper, despedaçar tão fixos laços
Sem o socorro de celestes braços.

      A fraca humanidade
      Para tanto não basta,

Assim é; mas implore-se a piedade
De um sacro velho, que os mortais afasta
Do quase inevitável precipício,
E ante quem treme o erro, e pasma o vício.

Vai pois, Canção, procura o Desengano:
Ele socorre aqueles que o procuram,
Ele o bálsamo dá, com que se curam
As feridas, que faz Amor tirano.

IV

O DELÍRIO AMOROSO

Inda não bastam, minha voz cansada,
      Tantos ais, que tens dado;
É necessário renovar queixumes,
Queixumes, de que o fero Amor se agrada,
De que zombando está meu duro fado:
Gritemos, pois, frenéticos ciúmes,
Gritemos outra vez; que dos aflitos
São triste refrigério os ais, e os gritos.

Carrancuda Agonia, azeda, azeda
      Inda mais, se é possível,
O venenoso fel, que em mim derramas;
Doces enganos da minh'alma arreda,
Deixa-lhe a dor intensa, a dor terrível
Dos ígneos zelos, das tartáreas chamas,
Deixa-lhe as ânsias, a peçonha, as iras,
E a desesperação, que tu respiras.

Farte-se Anarda, o variável peito,
      Cujas graças me encantam,

Cujas traições no coração me ferem,
E por quem gemo, em lágrimas desfeito:
Que já mil bens dulcíssimos não cantam
Os ternos lábios meus, antes proferem
Lamentos contra Amor, contra a Ventura,
Conheça a desleal, saiba a perjura.

Sim, traidora, que o júbilo em torrentes
        Viste alagar meu rosto,
Quando em teus braços possuí mil glórias,
Hoje morro de angústias, e o consentes,
Podendo-me, cruel, matar de gosto?
Oh êxtase! Oh delícias transitórias!
Oh vão prazer dos crédulos amantes,
Mais fugaz que os alígeros instantes!

Cansaste, Anarda: a sólida firmeza
        Vezes mil protestada,
Votos de eterna fé, que me fizeste,
Manter não pôde feminil fraqueza,
A quem somente a novidade agrada:
Já lugar na tu'alma a outro deste,
E o mais ardente amor, o amor mais puro
Não satisfaz teu coração perjuro.

Se me fugisses, se de todo as chamas.
        Que por mim te abrasavam,
A nova inclinação te amortecera,
Desculpara esse ardor, em que te inflamas;
Porém quanto, infiel, quanto me agravam
Os sorrisos de amor, com que assevera
Teu gesto encantador, teu meigo rosto,
Que inda propende a saciar meu gosto!

Presumes, que se paga uma alma nobre,
      Um coração brioso
De um sórdido prazer, torpe, e corrupto
Qual esse, que me ofertas, se descobre?
Assim só pode o vil ser venturoso,
Essa fortuna por baldão reputo:
Em amor antes só ser desgraçado,
Que de outrem na ventura acompanhado.

Vai, fementida, que a paixão perfeita
      Os seus dons não reparte;
Vai gemer noutro peito, e noutros braços:
Pérfidos mimos desse infame aceita,
Enquanto juro aos Céus de abominar-te,
Enquanto arranco meus indignos laços,
Enquanto... ah! Que falei! Meu bem, detém-te,
Abafa a minha voz, dize que mente!

Eu deixar-te (ai de mim!) primeiro a Terra
      Mostre as fundas entranhas
Por larga boca horrível, que me trague:
Primeiro o mar, e o céu me façam guerra,
Despenhem-se primeiro estas montanhas,
E a meu corpo infeliz seu peso esmague:
Primeiro se confunda a Natureza,
Que eu cesse de adorar tua beleza.

Vejam meus olhos esses teus pasmados
      De um rival no semblante;
Ouça-te os ais, que com seus ais misturas,
E os agrados, que opões aos seus agrados:
A tudo está sujeito um cego amante,
Que não pode quebrar prisões tão duras;
A tudo estou submisso, estou disposto,
Quero tudo sofrer, porque é teu gosto.

Terá por crime, suporá vileza
      Tão cruel tolerância
Quem não sente o poder da formosura;
Porém minh'alma, nos teus olhos presa,
Inda chega a temer, que esta constância
Prova não seja de exemplar ternura:
E saibam, se com isto um crime faço,
Que o crime adoro, que a vileza abraço.

      Sobre as asas dos ventos
      Canção chorosa, e rouca,
Vai narrar pelo mundo os meus tormentos:
De almas estoicas a dureza louca
      Rirá dos teus lamentos;
Mas nos servos de Amor terás abrigo:
Quando te ouvirem, chorarão contigo.

CANTATAS

II

À MORTE DE INÊS DE CASTRO

As filhas do Mondego a morte escura
Longo tempo, chorando, memoraram.

CAMÕES, Lusíadas.

A ULINA
(Soneto dedicatório)

Da miseranda Inês o caso triste,
Nos tristes sons, que a mágoa desafina,
Envia o terno Elmano à terna Ulina,
Em cujos olhos seu prazer consiste:

Paixão, que, se a sentir, não lhe resiste
Nem nos brutos sertões alma ferina,
Beleza funestou quase divina,
De que a memória em lágrimas existe:

Lê, suspira, meu bem, vendo um composto
De raras perfeições aniquilado
Por mãos do crime, à natureza oposto:

Tu és cópia de Inês, encanto amado;
Tu tens seu coração, tu tens seu rosto...
Ah! Defendam-te os céus de ter seu fado!

*

Longe do caro esposo Inês formosa
      Na margem do Mondego
As amorosas faces aljofrava
      De mavioso pranto.
Os melindrosos, cândidos penhores
      Do tálamo furtivo
Os filhinhos gentis, imagens dela,
No regaço da mãe serenos gozam
      O sono da inocência.
Coro sutil de alígeros Favônios
      Que os ares embrandece,
      Ora enlevado afaga
Com as plumas azuis o par mimoso,
      Ora solto, inquieto
Em leda travessura, em doce brinco,
      Pela amante saudosa,
Pelos tenros meninos se reparte,
E com tênue murmúrio vai prender-se
Das áureas tranças nos anéis brilhantes.
Primavera louçã, quadra macia
      Da ternura, e das flores,
Que à bela Natureza o seio esmaltas,
Que no prazer de Amor ao mundo apuras
      Prazer da existência,
      Tu de Inês lacrimosa
As mágoas não distrais com teus encantos.
Debalde o rouxinol, cantor de amores,
Nos versos naturais os sons varia;
O límpido Mondego em vão serpeia
Cum benigno sussurro, entre boninas
De lustroso matiz, alvo perfume;
Em vão se doura o Sol de luz mais viva,
Os céus de mais pureza em vão se adornam
      Por divertir-te, oh Castro!

Objetos de alegria Amor enjoam
        Se Amor é desgraçado.
A meiga voz dos zéfiros, do rio,
        Não te convida o sono:
        Só de já fatigada
Na luta de amargosos pensamentos
        Cerras, mísera, os olhos;
Mas não há para ti, para os amantes
        Sono plácido, e mudo:
Não dorme a fantasia, Amor não dorme:
Ou gratas ilusões, ou negros sonhos
Assomando na ideia espertam, rompem
        O silêncio da morte.
Ah! Que fausta visão de Inês se apossa!
Que cena, que espetáculo assombroso
A paixão lhe afigura aos olhos d'alma!
Em marmóreo salão de altas colunas,
A sólio majestoso, e rutilante
Junto ao régio amador se crê subida:
Graças de neve a púrpura lhe envolve,
Pende augusto dossel do teto de ouro;
Rico diadema de radioso esmalte
Lhe cobre as tranças, mais formosas que ele;
Nos luzentes degraus do trono excelso
Pomposos cortesãos o orgulho acurvam;
A lisonja sagaz lhe adoça os lábios,
O monstro da política se aterra,
E se Inês perseguia, Inês adora.
        Ela escuta os extremos,
Os vivas populares; vê o amante
Nos olhos estudar-lhe as leis que dita;
O prazer a transporta, amor a encanta:
Prêmios, dádivas mil ao justo, ao sábio
        Magnânima confere,

Rainha esquece o que sofreu vassala:
De sublimes ações orna a grandeza,
Felicita os mortais, do cetro é digna,
Impera em corações... Mas, céus!... Que estrondo
O sonho encantador lhe desvanece!
      Inês sobressaltada
Desperta e de repente aos olhos turvos
Da vistosa ilusão lhe foge o quadro.
Ministros do Furor, três vis algozes,
De buídos punhais a destra armada,
Contra a bela infeliz bramindo avançam.
Ela grita, ela treme, ela descora,
Os frutos da ternura ao seio aperta,
Invocando a piedade, os céus, o amante;
Mas de mármore aos ais, de bronze ao pranto,
A suave atração da formosura,
      Vós, brutos assassinos,
No peito lhe enterrais os ímpios ferros.
      Cai nas sombras da morte
A vítima de Amor lavada em sangue:
As rosas, os jasmins da face amena
      Para sempre desbotam;
Dos olhos se lhe some o doce lume,
      E no fatal momento
Balbucia arquejando: – "Esposo! Esposo!..."
      Os tristes inocentes
      À triste mãe se abraçam,
E soltam de agonia inútil choro.
      Ao suspiro exalado,
Final suspiro da formosa extinta,
      Os Amores acodem.
Mostra a prole de Inês, e tua, ó Vênus,
Igual consternação, e igual beleza:
Uns dos outros os cândidos meninos

Só nas asas diferem,
(Que jazem pelo campo em mil pedaços
Carcases de marfim, virotes de ouro)
Súbito voam dois do coro alado;
Este, raivoso, a demandar vingança
      No tribunal de Jove,
Aquele a conduzir o infausto anúncio
      Ao descuidado amante.
Nas cem tubas da Fama o grão desastre
      Irá pelo universo:
Hão de chorar-te, Inês, na Hircânia os tigres,
No torrado sertão da Líbia fera
As serpes, os leões hão de chorar-te.
Do Mondego, que atônito recua,
Do sentido Mondego as alvas filhas
      Em tropel doloroso
Das urnas de cristal eis vêm surgindo;
Eis, atentas no horror do caso infando,
Terríveis maldições dos lábios vibram
Aos monstros infernais, que vão fugindo.
Já c'roam de cipreste a malfadada,
E, arrepelando as nítidas madeixas,
Lhe urdem saudosas, lúgubres endeichas.
      Tu, Eco, as decoraste;
E cortadas dos ais, assim ressoam
Nos côncavos penedos, que magoam:

> "Toldam-se os ares,
> Murcham-se as flores;
> Morrei, Amores,
> Que Inês morreu.
>
> Mísero esposo,
> Desata o pranto,

Que o teu encanto
Já não é teu.

Sua alma pura
Nos céus se encerra;
Triste da terra,
Porque a perdeu.

Contra a cruenta
Raiva ferina
Face divina
Não lhe valeu.

Tem roto o seio,
Tesouro oculto,
Bárbaro insulto
Se lhe atreveu.

De dor e espanto
No carro de ouro
O númen louro
Desfaleceu.

Aves sinistras
Aqui piaram,
Lobos uivaram,
O chão tremeu.

Toldam-se os ares,
Murcham-se as flores;
Morrei, Amores,
Que Inês morreu."

VI

NO DIA NATALÍCIO DA SERENÍSSIMA
PRINCESA D. MARIA TERESA
(29 de abril de 1800)

Milagroso pincel, pincel divino,
        Que, os séculos transpondo,
Estendes pelo véu da eternidade
        Teus quadros majestosos;
Vida sem morte, resplendor sem noite,
Ao ente humano, graduado em nume,
Nova existência, doação das Musas!
Milagroso pincel, pincel divino,
Com teu vário fulgor, com teus matizes
        Ao Letes se arrebata
O jus terrível de sorver memórias.
        Do vate a prepotência
Comete, arromba do vindouro as portas,
Aos mistérios fatais a névoa rompe,
        E de outro sol mais puro
Atrai para a virtude amenos dias.

        Quando flamejas,
        Estro sagrado,
        Sombras do Fado
        Sofrem clarão.

        Roubas portentos
        Do arquivo eterno,
        E até no Averno
        Domas Plutão.

    Acelerando os voos
Meu rápido, fervente, alado gênio,

No sem medida espaço
O monstro alcança tragador das eras;
Dos tempos a corrente empolga, ousado;
Inúmeros fuzis de ferro, e de ouro
            Tenta, palpa, examina,
E em vasta série de amorosos dias
            Escolhe o mais brilhante:
Desata um dia, enfim, que raro, ou novo,
Namore a natureza, os céus namore,
            E aos mortais se afigure
Brando sorriso, com que Jove os honra.
            Linda, real Maria
            Este é teu áureo dia.
Outros por lei comum, por lei constante
            Se espraiam sobre o mundo:
Teu dia mais cuidado aos céus merece,
Teu dia em modo estranho aclara o Globo.
            Musas, Graças, Virtudes,
De rosas imortais c'roado o sobem
Ao carro, ao grêmio da orvalhante Aurora.
A amada de Titão fastosa o guia,
Brinda com ele a natureza ufana;
            E o brilho desusado
Que a vítrea superfície ao Tejo esmalta,
Chama o cerúleo nume à flor das águas.
Em cândido tropel das lapas surgem
            As Tágides mimosas:
Fervendo a fofa espuma em torno delas,
            Como que sente o preço
            Dos virginais tesouros,
Dos tesouros de amor, em parte avaros.
            Eis no esplendor que vestem
            O polo, a terra, as ondas,
O ledo, níveo coro embebe os olhos;

Eis desenfreia a voz, que enfreia os Euros,
E em mágicas torrentes de harmonia
      Os corações se perdem.
Qual o Ismário cantor, prole febeia,
      Em árvores, em rochas,
Em tigres, em leões reinou coa lira,
      Ou sobre Ausônia cena
Quais, Crescentini, teus milagres soam;
Assim do pátrio Tejo as filhas belas
      Urdem, modulam versos
      Ao natal de Maria,
De João, de Carlota ao régio fruto,
Às primícias gentis de amor sagrado:
      Como que inda elevado
De assombro, de prazer, tais sons escuto:

> "Salve, formoso dia,
> Tão doce à natureza,
> Que vales a pureza
> Do olímpico fulgor!
>
> O Tempo em honra tua
> Das asas se despoja,
> E quebrantado arroja
> O ferro assolador.
>
> Sempre de ti vaidoso,
> Deixando os cíprios lares,
> De Lísia sobre os ares
> Brinque, triunfe Amor.
>
> Vão sempre os teus instantes
> De bens a bens voando,
> Como Favônio brando
> Voa de flor em flor."

ELEGIAS

À TRÁGICA MORTE DA RAINHA DE FRANÇA, MARIA ANTONIETA
Guilhotinada aos 16 de outubro de 1793.

Século horrendo aos séculos vindouros,
Que ias inutilmente acumulando
Das artes, das ciências os tesouros:

Século enorme, século nefando,
Em que das fauces do espantoso Averno
Dragões sobre dragões vêm rebentando:

Marcado foste pela mão do Eterno
Para estragar nos corações corruptos
O dom da humanidade, amável, terno.

Que fatais produções, que azedos frutos
Dás aos campos da Gália abominados,
Nunca de sangue, ou lágrimas enxutos!

Que horrores, pelas Fúrias propagados,
Mais e mais esses ares enevoam,
Da glória longo tempo iluminados!

Crimes soltos do Inferno a Terra atroam,
E em torno aos cadafalsos lutuosos
Da sedenta vingança os gritos soam.

Turba feroz de monstros pavorosos
O ferro de ímpias leis, bramindo, encrava
Em mil, que a seu sabor faz criminosos.

A brilhante nação, que blasonava
D'exemplo das nações, o trono abate,
E de um senado atroz se torna escrava.

Por mais que o sangue em ondas se desate,
Nada, nada lhe acorda o sentimento,
Que as insanas paixões prende, ou rebate;

Vai grassando o furor sanguinolento,
Lavra de peito em peito, e de alma em alma,
Qual rubra labareda exposta ao vento:

Não cede, não repousa, não se acalma,
E a funesta, insolente liberdade
Ergue no punho audaz sanguínea palma.

Bárbaro tempo! Abominosa idade,
Às outras eras pelos Fados presa
Para labéu, e horror da humanidade!

Flagelos da virtude, e da grandeza,
Réus do infame e sacrílego atentado
De que treme a Razão, e a Natureza!

Não bastava esse crime?... Inda o danado
Espírito, que em vós está fervendo,
A novos parricídios corre, ousado?...

Justos Céus! Que espetáculo tremendo!
Que imagens de terror; que horrível cena
Vou na assombrada ideia revolvendo!

Que vítima gentil, muda, e serena
Brilha entre espesso, detestável bando,
Nas sombras da calúnia, que a condena!

Orna a paz da inocência o gesto brando,
E os olhos, cujas graças encantaram,
Se volvem para o céu de quando em quando:

As mãos, aquelas mãos, que semearam
Dádivas, prêmios, e na mole infância
Com os cetros auríferos brincaram.

Ludíbrio do furor, e da arrogância
Sofrem prisões servis, que apenas sente
O assombro da beleza, e da constância.

Oh justiça dos céus! Oh mundo! Oh gente!
Vinde, acudi, correi, salvai da morte
A malfadada vítima inocente!...

Mas ai! Não há piedade, que reporte
A raiva dos terríveis assassinos;
Soou da tirania o duro corte.

Já cerrados estais, olhos divinos;
Já voando cumpriste, alma formosa,
A férrea lei de aspérrimos destinos.

Do rei dos reis na corte luminosa
Revês o pio herói, por nós chorado,
Que da excelsa virtude os lauros goza.

Na mente vos observo: ei-lo a teu lado
Implorando ao Senhor, que os maus flagela,
Perdão para o seu povo alucinado.

Despido o véu corpóreo, ó alma bela,
No seio de imortal felicidade,
Só sentes não voar mais cedo a ela.

Enquanto aos monstros de hórrida maldade
Murmura a seu pesar no peito iroso
A voz da vingadora Eternidade.

Desfruta suma glória, ó par ditoso,
Logra em perpétua paz júbilo imenso,
Que o mundo consternado, e respeitoso,

Te apronta as aras, te dispõe o incenso.

IDÍLIOS

II

A NEREIDA
(Marítimo)

À foz do Mandovi sereno, e brando
Alicuto infeliz estava um dia
Amorosos queixumes espalhando:

Alicuto, o marítimo, que ardia
Por Glaura, das Nereidas a mais bela,
Que em vítrea lapa sem pesar o ouvia.

Doido pela não ver, doido por vê-la,
E nas algosas pedras debruçado,
Bradava desta sorte ali por ela:

"Tanto, ó Glaura cruel, te desagrado,
Que não deixas por mim, nem um momento,
As crespas ondas, o licor salgado!

Olha que em ais, e em lágrimas o alento
Me vai fugindo, que a mordaz saudade
Me rói continuamente o sofrimento:

Olha que lá me tens a liberdade,
E que mais te não peço em recompensa,
Que um ar benigno, uns longes de piedade.

É digno tanto amor de tanta ofensa?
Ah! Que me faz odioso? A má figura?
O pé gretado, a pálida presença?

Queres só quem te iguale em formosura:
Pois sabe, que jamais verás objeto,
Que possa merecer tua ternura.

Não devo à Natureza um grato aspecto,
É verdade: o meu mérito consiste
Num claro entendimento, e puro afeto.

Se a compasso da lira o verso triste
Entoo alguma vez, ao som canoro
Ninguém, não sendo tu, ninguém resiste:

Que provas mais fiéis de que te adoro,
Que este incansável pranto? E finalmente,
Do meu mister que requisito ignoro?

Na manobra quem é mais diligente
Que eu? Quem sabe deitar melhor o prumo?
Quem no leme, e n'agulha é mais ciente?

A carga no porão com regra arrumo,
Sei pôr à capa, sei mandar à via,
Como qualquer piloto, e dar o rumo:

Sei como hei de correr com travessia,
E pela balestilha, ou pelo outante.
Achar a latitude ao meio-dia:

Sei qual estrela é fixa, e qual errante;
A Lebre, o Cisne, a Lira, a Nau conheço,
E Órion, tão fatal ao navegante.

Talvez muito vaidoso te pareço;
Mas devo assim falar, para que vejas
Que teus desdéns, ó ninfa, não mereço;

E se o que digo é pouco, e mais desejas,
Irei, pois, outros méritos ganhando,
Até que tu de mim contente estejas:

Tentarei, por fazer teu gênio brando,
Nunca tentados, nunca vistos mares,
Os meus antepassados imitando;

E agora, se teus olhos singulares
Puseres à flor d'água um só minuto,
Dando-me alívio, serenando os ares:

Quero fazer-te um mimo... ai! Já te escuto,
Ouço-te já dizer, que não cobiças
Donativos do mísero Alicuto;

Mas apesar de tantas injustiças,
Hei de cada vez mais mostrar-te o fogo,
Que tu com teu rigor nesta alma atiças.

Ah! Vem, Nereida, amanse-te o meu rogo:
Se te enoja o falar, e estar comigo,
Não fales, apareceꢀ, e vai-te logo.

Topamos há três dias o inimigo
N'altura de Chaul; travamos guerra.
Sentiu do português o esforço antigo;

Fez-se uma presa, repartiu-se em terra
Inda agora: o quinhão, que lá me deram,
Este pintado cofrezinho encerra.

Nas mãos um colar de ouro me puseram
Sobre aljôfares mil: vi que, por belos,
Do teu colo, e teus pulsos dignos eram.

O mesmo foi pegar-lhes, que trazê-los
Para of'recer-tos vem (não é desdouro)
Vem aceitá-los, ou, sequer, vem vê-los;

Mas que precisas tu, se és um tesouro,
Se tens mais lindas pérolas na boca,
Se tens ouro melhor nas tranças de ouro!

Loucas ideias! Esperança louca!
Louco Amor! E of'reci com voz ousada
À filha de Nereu coisa tão pouca!

Mas se nem alma tão fiel te agrada,
Um pobre, ó Glaura, um triste marinheiro
Que mais te há de of'recer? Não tem mais nada.

Já te entendo (ai de mim!). Bem sei, primeiro
Qual Glauco irei vagar no pego vasto
Sobre as espaldas de delfim ligeiro;

Pelo embate das ondas será gasto
Do soberbo Neptuno o grão tridente,
E os palmares às focas darão pasto;

Lá no oposto horizonte do ocidente
O dia apontará, primeiro (ah dura!)
Que tu me atendas uma vez somente.

Eu que fiz, miserável! Porventura
Amor é crime? Para ser querida
Não criou Jove eterno a formosura?

A que foi como eu, no mar nascida,
Por vencer Juno, e Palas na beleza,
Mais que Palas e Juno é aplaudida.

Porém se ainda assim supões vileza
Sofreres que um mortal se afoite a amar-te,
Sendo tu de mais alta natureza;

E se levas a mal o importunar-te
Com ais no coração desesperado,
Tirana, por que tardas em vingar-te?

Pune, pune este amor desatinado;
Eu não fujo, aqui estou; das ondas saia
Tragador jacaré, por ti mandado.

Sobre mim de repente o monstro caia:
Folgarás, vendo o sangue de meu peito
Às golfadas saltar, tingindo a praia;

E eu morrerei contente, e satisfeito
Por escapar de estado tão penoso,
E inda mais por morrer por teu respeito.

Só temo que o meu caso lastimoso,
O deplorável fim de meus amores
Faça teu nome a todos horroroso."

Prosseguiria o triste em vãos clamores,
Mas viu, que para ali vinham remando
Nos lúbricos sados os pescadores,

E ficou mudo, para o mar olhando.

VI

LÊNIA
(Piscatório)

As árvores estavam gotejando,
Bramia ao longe a costa, e ressoava
Pavoroso trovão de quando em quando:

Tudo horror, e tristeza respirava;
Os ares, a montanha, o rio, o prado,
E mais triste que tudo Elmano estava;

O pescador Elmano, o malfadado,
Que em aziago instante a luz primeira
Viu lá nas praias, onde morre o Sado.

Tu, pernicioso Amor, fatal cegueira,
Reinavas no infeliz, que em vão carpia
Do claro Mandovi sobre a ribeira.

"Oh Náiade formosa! (ele dizia)
Oh Lênia encantadora, a meus clamores
Tão surda como a surda penedia!

Da boca, sempre escassa de favores,
Que te exala um perfume, um ar divino,
Mais doce do que o hálito das flores,

De uma palavra só pende o destino
Da paixão deplorável, com que gemo,
Que se vai transtornando em desatino.

Reduzido me vejo a tal extremo,
Tão macerado estou pelo desgosto,
Que até me esfalfa o menear do remo.

Por ti com terno pranto alago o rosto,
Por ti mil noites velo, amargurado,
E ao mau relento n'almadia exposto.

Já que tens nos teus olhos o meu fado,
Vem consolar-me ao menos cum sorriso,
Vai-te depois, e deixa-me enganado.

Há quantas horas estas margens piso!
Há quantas pelas ondas te procuro!
Há quantas, quantas mais te não diviso!

Da tua branda vista o raio puro,
A cor celeste, o frouxo movimento
Aclarem, branca Lênia, o tempo escuro.

Assanha as ondas o ímpeto do vento,
Negreja pelos ares o sombrio
Grosso vapor do inverno turbulento.

Glória das ninfas, glória deste rio,
Surge, assoma, aparece, e teus encantos
Farão súbito aqui brilhar o estio.

Ao som das águas ouvirás meus cantos,
Ou antes (se meus versos abominas)
Ao som das águas ouvirás meus prantos.

Sai das úmidas lapas cristalinas,
Onde Tétis louçã contigo mora,
Tétis, em cujos braços te reclinas.

Oh feliz pescador! Oh feliz hora!
Oh dia de prazer, se te mereço,
Que saias uma vez das ondas fora!

Não posso dar-te aljôfares de preço:
Tortos búzios, seixinhos luzidios,
E amor, é o que tenho, isso te of'reço...

Que sonhos! Que ilusões! Que desvarios!
Quererás estes dons tu, que apeteces
Ais a milhares, lágrimas em rios!

Tu, que foges de mim, que me aborreces,
E que talvez contente lá no fundo
Ao eco de meus gritos adormeces!

Tu mais cruel que o tigre furibundo,
Que o jacaré voraz, e as outras feras
Das toscas brenhas, e do mar profundo!

Tu, que num ódio bárbaro te esmeras,
Quando a ter compaixão de meus gemidos
Até dos brutos aprender puderas!

Quantas vezes, de ouvir-me enternecidos,
Sobem à tona d'água os lisos peixes,
Que já não são do meu anzol feridos!

Ah! Teu cego amador morrer não deixes,
Sequer mostra-te ao longe, inda que os belos
Olhos teus, por não verme, ó Lênia, feches.

Negas, talvez, piedade aos meus desvelos,
Porque de lá me espreita o cabeludo,
Monstruoso Tritão, fervendo em zelos?

Ele é deus, eu mortal, mas não tão rudo,
Não tão negro, como ele, e até lhe oponho
Um amor mais sincero, e mais sisudo.

Enfim, de ser quem sou não me envergonho,
Nem tenho, ó Lênia, que rogar ao Fado,
Quando coa posse de teus mimos sonho.

Pergunta a quantos vêm do Tejo, e Sado,
Se ali me condenou vil nascimento
A este, em que "mourejo, humilde estado.

Sempre entre os mais honrados tive assento,
Venho dos principais da minha aldeia:
Não cuides que vãs fábulas invento.

Lá sobre as lindas flores, que meneia
Sadia viração, cantei mil versos,
Mil versos, de que tinha a mente cheia.

Trabalhos, aflições, fados adversos
A melodia, a graça me apoucaram
Em climas, do meu clima tão diversos.

Porém que digo! As águas inda param,
Se alguma vez em doce, em triste canto
Meus frouxos lábios o meu mal declaram.

Só tu, ninfa gentil, desta alma encanto,
Me foges, e supões que te assegura
Perpétua glória meu contínuo pranto.

Condição, insensível à ternura
Do mais perdido amante, a natureza
Te deu para senão da formosura,

Não alardejes da feroz crueza:
Pondera, que o rigor pode privar-te
De adorações, que atrai tua beleza.

Mas não, já me desligo. Onde, em que parte
Há de existir um coração tão duro,
Que por seres cruel deixe de amar-te?

Se qual cheia, que aterra estável muro,
Tu, posto que suave, e brandamente,
Avassalas o arbítrio mais seguro?

Ah! Vem por cima da fugaz corrente
Dar lenitivo à dor, que, despedaça
Meu fiel coração, meu peito ardente.

Concede a tantos ais só esta graça:
Vem, Lênia, vem dizer-me por piedade,
Que alto excesso de amor queres que eu faça.

De bom grado, e sem medo à tempestade,
Se o mandares, verás, que à vela eu corro:
O mal, com que não posso, é a saudade.

Mas ímpia, tu não vens, não dás socorro
Às minhas aflições, aos meus clamores;
Eu caio, eu desfaleço, eu morro, eu morro...

Cavai-me a sepultura, oh pescadores!"

VIII

FLÉRIDA
(Pastoril)

Oh monte, monte estéril, e escalvado,
Amiga solidão, tristeza amiga!
Eis um pobre pastor, e um pobre gado,
Eu cheio de saudade, ele de fome:

　　　　Permite Amor, que eu diga
Por desafogo o mal, que me consome:
　　　　Os clamores sentidos
Da solitária ninfa, que responde
　　　　A meus ternos gemidos
Lá da gruta, ou da mata, em que se esconde;
　　　　Vão ser noutros outeiros,
Vão ser noutras montanhas pregoeiros
Das ânsias, a que Flérida me obriga,
E tu ouve injustiças do meu fado,
Da minha doce, e bárbara inimiga,
Oh monte, monte estéril, e escalvado,
Amiga solidão, tristeza amiga.

　　　　Despenhada corrente,
Modera a natural velocidade:
Ah! Que assim como foges, de repente
Fugiu do peito a Flérida a piedade;
　　　　Assim como te lanças
No vale, onde te empoças, onde cansas,
　　　　Do seio da Alegria
Caiu meu coração no da Agonia.
Para ouvires melhor um descontente,
Sumido nesta inculta soledade,
　　　　Despenhada corrente,
Modera a natural velocidade.

　　　　Passarinhos amantes,
Já cantei como vós, mas já não canto:
　　　　Passarinhos errantes,
A vil ingratidão me deu quebranto.
Flérida está-se rindo, Amor suspira,
Vendo no chão desfeita a minha lira;
Amor, que os sons piedosos lhe emprestava,

Com que o monte abalava,
Com que as águas prendia,
Com que o bruto rebanho enternecia.
Ah! Morreu-me o prazer, nasceu-me o pranto,
Não sou quem era dantes.
Passarinhos amantes,
Já cantei como vós, mas já não canto.

Oh Napeias mimosas,
Que tendes preso Amor nas tranças de ouro,
Onde o perfume dos jasmins, das rosas
Adoça o cativeiro ao moço louro!
Oh mimosas Napeias!
Vós, que por entre as flores,
Já fugindo aos caprinos amadores,
Já compassando festivais coreias,
Defendeis inocente formosura
Do perigoso assalto da ternura,
Vinde, vinde atender-me;
De vós não quero amor, quero piedade,
Nem vós podeis prender-me,
Que eu deixei noutras mãos a liberdade.
Vinde ouvir minhas vozes lastimosas,
Mais tristes que a dos pássaros de agouro,
Oh Napeias mimosas,
Que tendes preso Amor nas tranças de ouro.

Amo Flérida bela,
Tão bela com vós, porém mais dura,
Amo Flérida, aquela,
Que foi a Amor, aos céus, e a mim perjura;
Aquela, que algum dia
Entre os cândidos braços me apertava,
Que apenas os meus ais voar sentia

Suspiros com suspiros misturava;
        Que num terno transporte
Jurou pela alta mão, que move o raio,
Que, a ser possível, com valor constante,
        Com risonho semblante
Mil vezes tragaria o fel da morte
Primeiro (oh juras vãs!) que me negasse
Os seus olhos gentis, por quem desmaio!
        Aquela, que me deixa,
Que nunca suspeitei que me deixasse.
        Vós, que ouvis minha queixa,
        Cordeiros, ovelhinhas,
Que para mim com mágoa estais olhando,
Promessas da cruel, promessas minhas,
Vós escutastes, de prazer saltando,
Nesses dias tão bons, tão suspirados.
Ah ninfas! Enterneçam-vos meus brados,
Eu Sátiro não sou desta espessura:
Vinde-me ouvir dizer, chorando nela:
Comigo foi relâmpago a ventura;
Assim, assim o quis Flérida bela,
Tão bela como vós, porém mais dura.

        Oh céus! Oh natureza,
Que a Flérida formaste de outra massa,
        Que lhe deste uma graça,
Qual nunca possuiu mortal beleza,
Ah! Não vedes a fera! E como abusa
Dos atrativos seus, que vós criastes,
        Que tão mal empregastes!
Parece que, zunindo, o vento a acusa!
Não vistes como pôs no esquecimento
O santo, o formidável juramento!
Escarnecer de um mísero, que geme,

Não é dizer, ó céus, que vos não teme?
           Não vingueis minha ofensa,
As ofensas vingai, que vos tem feito...

Que é isto, ó deuses? Tendes-lhes respeito!
Surja letal vapor da Estige infensa
           A afear-lhe as formosas
Faces angelicais de neve, e rosas,
A amortecer-lhe a luz encantadora,
           Que em seus olhos chameja:
O perjúrio da bela enganadora
Nas suas perfeições punido seja.
           Sim, vingança, castigo,
Raios contra a cruel... mas ah! Que digo!
Coração miserável, tu deliras!
Pedes vingança, raios, e suspiras!
Vingança! Contra quem? Que pensamento!
           Que sacrílego rogo!
Ah! Não, perdoa, Amor, foi desafogo
           Da paixão, do tormento.
           Oh desejo maligno,
Feroz desejo, da minh'alma indigno,
           Onde voas? Detém-te,
           As estrelas não toques,
A terrível justiça não provoques
           Do braço onipotente.
Eu vingar-me! Frenética lembrança!
O crime é menos vil do que a vingança.
           Eu vingar-me! E daquela,
Que sendo tão tirana, inda é mais bela!
Elmano, morre tu, – Flérida viva
           Quer branda, quer esquiva;
Respeita-lhe a pasmosa gentileza,
E vós não dupliqueis minha desgraça,

Oh céus! Oh natureza!
Que a Flérida formastes de outra massa.

Amor sem fruto, amor sem esperança
    É mais nobre, mais puro,
Que o que, domando a ríspida esquivança,
Jaz dos agrados nas prisões seguro.
Meu leal coração constante, e forte,
    Vendo a teu lado acesos,
Flérida ingrata, os ódios, os desprezos,
O rigor, a tristeza, a raiva, a morte,
Forjando contra mim, por ordem tua,
    Mil setas venenosas,
Em prêmio destas lágrimas saudosas,
    Inda assim continua
A abrasar-se em teus olhos... Vis amantes,
    Corações inconstantes,
De sórdidas paixões envenenados,
    Vós, a cujos ardores,
    A cujos desbocados
    Infames apetites
A virtude, a razão não põem limites,
Suspirai por ilícitos favores,
Cevai-vos em torpíssimos desejos,
Tratai, tratai de louco um amor casto;
    Que eu nos grilhões, que arrasto,
Tão limpos como o sol, darei mil beijos.
    Peçonhenta aliança,
Vergonhoso prazer, de vós não curo:
    De ti sim, porque és puro,
Amor sem fruto, amor sem esperança.

Vamo-nos, gado meu. Suspiros, basta,
    Que ninguém vos escuta

Mais que esta árvore agreste, aquela gruta,
E a corrente fugaz, que a banha, e gasta.
Não é delírio, que meus ais intentem
Achar piedade em coisas que não sentem,
        Quando são tão tiranos
        Os corações humanos,
Que folgam cos martírios, que padeço?
        Quando... ah céus! Que enrouqueço,
Já sinto o peito de gemer cansado.
Basta, suspiros, vamo-nos, meu gado.

EPÍSTOLAS

ELMANO A GERTRÚRIA

Pasce d'agna l'erbette, il lupo l'agne,
Ma il crudo Amor di lagrime si pasce.
TASSO, Aminta

Cá do pé das gangéticas ribeiras,
Inimigas da paz, e da alegria,
Cá dentre serpes, tigres, e palmeiras:

A ti, bela Gertrúria, Elmano envia
Seus gemidos terníssimos, e ardentes
Sobre as cinzentas asas da Agonia.

Se o teu fiel caráter não desmentes,
Se inda em teu coração não teve entrada
A variedade, o vício dos ausentes;

Se do voto recíproco lembrada
Suspiras por me ver, como suspiro
Por dar-te beijos mil na mão nevada;

Chorando escutarás o que profiro:
Estes queixumes vãos, que entrego aos ares,
Estes inúteis ais, que d'alma tiro.

Do santo abrigo de meus deuses lares
Pela Sorte cruel desarraigado,
E exposto em frágil quilha a bravos mares;

Sobre as espaldas do Oceano inchado,
Dirigindo tristíssimo lamento
Contra o céu, contra Amor, e contra o Fado;

Debalde conjurando o rouco vento,
Em vão pedindo a Tétis sepultura
Nas entranhas do mádido elemento:

Pus, finalmente, os pés onde murmura
O plácido Janeiro, em cuja areia
Jazia entre delícias a ternura.

Ali, como nas margens de Ulisseia,
Prendendo corações brincavam, riam
Os filhinhos gentis de Citereia;

Mil Graças, que a vanglória trocariam
Em vergonhosa inveja à tua vista,
Usurpar-te meus cultos presumiam;

Eis olham como fácil a conquista;
Mas a fé me acompanha, a fé me alenta,
E constância me dá, com que resista.

Este combate a glória me acrescenta:
Conhece-se o valor do navegante
Em tenebrosa, horríssona tormenta.

Contemplando na ideia o teu semblante,
Pude evitar o escolho, onde naufraga
O coração mais livre, e mais constante;

Um virtuoso amor nunca se apaga:
O tiro de outra mão não faz emprego
Aonde a tua abriu tão doce chaga.

Sempre no mais cruel desassossego,
Sempre comigo mesmo em viva guerra,
Às vastas ondas outra vez me entrego.

Os negros furacões Éolo encerra,
Até que aos frouxos olhos se me of rece
O bruto Adamastor, filho da Terra.

Vê-me o monstro, que ainda não se esquece
Da nossa antiga audácia, e logo exclama
Com voz horrível, que trovão parece:

"Ó tu, que de uma vã, caduca fama,
De uma ilustre quimera ambicioso,
A estrada vens saber do afoito Gama;

Tu, dos servos de Amor o mais ditoso,
Se as desordens fatais da louca idade
Te houvesse reprimido o céu piedoso;

Tu, que de uma terrestre divindade
Memorando os encantos, e os agrados,
Deliras entre as garras da saudade;

O modelo serás dos desgraçados,
Porque mais, ó mortal, a ver não tornas
Meigos olhos, por Vênus invejados.

As correntes de lágrimas, que entornas,
Os suspiros, que exalas de contínuo,
A singular paixão, de que te adornas,

Nada revoga as ordens do Destino:
Que eu de opaca procela estenda o manto
Quer, e ao fatal decreto a fronte inclino;

Mas a tua aflição move-me tanto,
Que os olhos meus, a permiti-lo a Sorte,
Saberiam, por ti, que coisa é pranto.

Das entranhas do Inferno arranco a morte,
Que a lei do Fado, a meu pesar, me obriga
A que a vida misérrima te corte.

Mares, lambei dos céus a base antiga,
Morra Elmano; adejai, dragões do Averno,
Sobre o veloz baixel, onde se abriga!"

Disse dos mautas o inimigo eterno,
E aos ares arrojou no mesmo instante
Medonhas trevas, pavoroso inverno.

O céu troveja, Éolo sibilante
Ora aos abismos, ora aos astros leva
Entre as asas da morte o lenho errante:

Sobre ele o mar violento a fúria ceva,
Rebentam cabos, não governa o leme,
Consternada celeuma ao ar se eleva.

Em tanto horror meu coração não treme,
Antes se alenta agradecendo ao Fado
Um bem, que implora, – a morte, que não teme.

"Parcas! (eu grito) ó deusas, que a meu lado
Andais brandindo as foices carniceiras,
Inclinai para cá seu gume ervado:

O golpe em mim descarregai ligeiras,
Enquanto of'reço à cândida Gertrúria
O final pranto, as vozes derradeiras."

Céus! Que prodígio! O vento aplaca a fúria,
E a teu nome adorado a própria Morte
Não ousa, em dano meu, fazer injúria;

Teu nome vence a cólera da Sorte:
Torna a luz, foge a sombra, e já mil vivas
Os muros vão ferir da etérea corte:

Só eu choro o prazer, que tu motivas,
Só eu sinto escapar deste perigo,
Só eu culpo as estrelas compassivas.

A próspera derrota assim prossigo,
Até que vejo, e piso a sepultura
Dos tristes, que não têm na pátria abrigo.

Aqui vai sempre a mais minha amargura,
Aqui, pela Saudade envenenado,
Como espectro acompanho a Noite escura:

Aqui ninguém me atende (oh negro fado!),
Nem deuses, nem mortais, ninguém me atende:
Tão molesto se faz um desgraçado!

Só teu suave nome, a quem se rende
O próprio deus de amor, algum momento
Meu pranto enfreia, minhas ânsias prende.

Sou qual febricitante, que sedento
Em libar fresca taça alívio goza,
Afagando com ela o sofrimento.

Ai gesto encantador, face amorosa,
Que me inspiraste da paixão mais pura
A doce chama, a chama deleitosa!

Que torrente de gosto, e de ternura
Fizeste borbulhar no meu semblante,
Enquanto o permitiu minha ventura!

Qual na cálida sesta o caminhante,
Que em despenhada fonte, amena, e fria
Matar o vivo ardor vai anelante;

Tal nas asas do júbilo eu corria
A saciar em ti, vista adorável,
O sequioso amor, que em mim fervia.

Oh lúbrico prazer! Fortuna instável!
Apenas fui feliz, fui desgraçado:
Oh catástrofe acerba, e deplorável!

Mas tu, Gertrúria bela, ídolo amado,
Tu, meu único bem, cuja mudança
Me faria acabar desesperado,

Por piedade não percas da lembrança
O terno adeus, e as lágrimas, e os votos,
Com que ele vigorou minha esperança.

Vê que, entregue ao furor de horríveis Notos,
Vim, só por me fazer de ti mais digno,
A climas, do meu clima tão remotos.

Semblante, para mim sempre benigno,
Reserva-me um sorriso: ele somente
Pode o meu astro serenar maligno;

Ele só me fará viver contente:
Só nele está suspensa a minha glória,
Só dele o meu sossego está pendente:

Voemos para o templo da Memória,
Nossa fidelidade ao orbe espante,
E sirva de modelo a nossa história;

A todo o baixo espírito inconstante
Para castigo apontem-lhe a firmeza
Do triste Elmano, e de Gertrúria amante;

Obra a mais singular da Natureza,
Erário dos seus dons, conheça o mundo,
Que és tão rara em amor, como em beleza;

Abunda nas saudades, em que abundo,
Manda-me lá desses ditosos lares
Nas asas da ternura um ai profundo;

Não tope densa nuvem pelos ares,
Que a fortaleza, que o calor lhe tire:
Venha, ah! venha, apesar de imensos mares,

E em meus ouvidos, fatigado, expire.

ELMANO A JOSINO

Dans ces climats... tout est sourd a mes cris.
Mme Du Bocage, Tragéd. des Amaz., acto IV, cena VI

Josino, meu Josino, a cujo lado
Gozei de alegres, venturosos dias,
Enquanto o quis Amor, e o quis o Fado:

Sócio meu, que ora atento, e mudo ouvias
A minha branda lira maviosa,
Ora a seus ternos sons teu canto unias:

Tu, que da linda Márcia carinhosa
Inflamas com mil ósculos ardentes
As faces cor de neve, e cor-de-rosa;

Tu, que no ingênuo peito não consentes
O vício, que por lei da natureza
Mancha, e corrompe os corações ausentes;

Tu, que adorando as aras da Beleza,
Tributas aos altares da Amizade
Puros incensos, exemplar firmeza;

Tu, que desta alma ocupas a metade,
Ouve o trêmulo som, com que suspira
Dentro dela a tristíssima Saudade.

Desde que a existência expus à ira
Do fero mar, meu peito não sossega,
Meu pensamento esfalfa-se, delira:

Indomável paixão, que a todos cega,
De teus conselhos falta, honrado amigo,
À desesperação minh'alma entrega.

Louco fui, não pensei (mil vezes digo)
Que em horas se trocassem de tormento
Horas tão doces, que passei contigo;

Fiei-me de um fugaz contentamento,
Devendo conhecer que os bens do mundo
São qual o sutil pó, que espalha o vento;

Por isso agora aflito, e vagabundo,
Estranho tanto o mal, por isso agora
De lágrimas sem fim meu rosto inundo;

Por isso na paixão, que me devora,
Invoco a muda paz da sepultura,
Da suspirada morte a feliz hora.

Míseros gostos! Mísera ternura!
Que sempre, injusto Amor, teus servos tenham
Queixumes, que formar contra a ventura!

Uns, adorando ingratas, que os desdenham,
Tarde no escuro abismo, em que descansa
O desengano horrível, se despenham:

Outros, chorando a pérfida mudança
De uma alma desleal, enfurecidos
Coa morte arrostam, que no inferno os lança:

Outros, enfim, como eu, correspondidos,
Depois em longa ausência amarga, e crua
Arrancam das entranhas mil gemidos:

Tal, fraudulento Amor, é a lei tua,
Lei, que o Fado aprovou para que a terra
A si mesma, se estrague, e se destrua.

Ah Josino fiel! Que horror faz guerra
Aos tristes olhos meus nestes lugares,
Onde me pôs a Sorte, onde me encerra!

Sem medo à fúria dos terríveis mares,
Vim do culto, benéfico ocidente
Viver com tigres, habitar palmares:

Aqui tórrida zona abafa a gente,
Ferve o clima, arde o ar, e eu o não sinto,
Que tu, fogo de Amor, és mais ardente:

Aqui vago em perpétuo labirinto
Sempre em risco de ver maligno braço
No próprio sangue meu banhado, e tinto;

Mas caso dos perigos eu não faço,
E que posso temer, quando procuro
Rasgar da frágil vida o tênue laço?

Enche-me, sim, de horror o culto impuro,
Ídolos vãos, sacrílegos altares,
Vis cerimônias deste povo escuro.

Eterno Deus! Não longe de Teus lares
Tépida nuvem de maldito incenso,
Dado ao negro Satã, perturba os ares.

Que tolerância tens, monarca imenso!
Por mais crimes, senhor, que o mundo faça,
Tudo releva Teu amor intenso.

Desce, ah desce dos céus, potente graça,
Difunde a santa luz, a santa crença
Pelos cegos mortais, que o erro enlaça!

Volto, Josino, a ti. Letal doença
Do báratro surgiu, veio intimar-me
A antiga, universal, cruel sentença:

Negras fauces abriu para tragar-me;
Porém cedeu, rugindo, à voz divina,
Que a vida, a meu pesar, quis conservar-me;

Eis que pérfida mão cabal ruína
(Sepultando o dever no esquecimento)
A todos nos prepara, e nos destina:

Rasgado o peito cum punhal cruento,
Ia baixar o teu choroso amigo,
Qual vítima inocente, ao monumento:

Uma alma infame, um bárbaro inimigo
Da fé, das leis, do trono, um desumano,
Credor de eterno, de infernal castigo,

Tendo embebido seu furor insano
Na falsa gente brâmane inquieta,
Que amaldiçoa o jugo lusitano,

Contra nós apontava a mortal seta;
Mas estorvou o inevitável tiro
A mão divina, poderosa, e reta:

Desenvolveu-se o crime, inda respiro;
E já destes, ó réus de atroz maldade,
Em vis teatros o final suspiro.

Eis, amigo, a recente novidade,
Que da remota Goa ao Tejo envio
Nas murchas, débeis asas da Saudade.

A quem tem da tua alma o senhorio
Of'reço numa férvida lembrança
Provas do afeto, em que jamais esfrio.

Diz à minha dulcíssima esperança,
À suave prisão desta alma aflita,
Que no meu coração não há mudança;

Que estou gemendo aqui, bem como grita
Pelo perdido, alígero consorte
Viúva rola, que a floresta habita;

Que é a minha paixão paixão tão forte,
Que há de na escuridão da sepultura
Volver-me as cinzas, sup'rior à morte;

E que espero, apesar da ausência dura,
Por milagre de Amor, que os meus gemidos
Voando aos lares seus, aos seus ouvidos,

Lhe vão justificar minha ternura.

A MÁRCIA
(Imitação de uns Versos de Mr. Parny)

Tu, de meus amorosos pensamentos
Secretária fiel, tu, que mil vezes
Afagas, adormeces os desgostos
De que semeia Amor meus tristes dias;
Oh lira, em que estes dedos preguiçosos
Geram sem arte a lânguida harmonia,
Efeito da ternura, e da saudade!
Hoje teus sons patéticos se apurem
Da amizade leal no casto seio.

Cândida amiga do extremoso Elmano,
Minha Márcia gentil, se eu a teu lado
Te entretenho os ouvidos, e te influo
Por eles no formoso, ebúrneo peito
O encanto da suave melodia,
A maga sensação das almas belas;
Se te aprazem meus versos inocentes,
Se teus olhos brilhantes como os astros
Volves benignamente ao grato amigo,
Que externas perfeições, de que és tão rica,
Que o virgíneo candor te não profana
Com torpes, sequiosos pensamentos;
E nos dons da tua alma embelezado
Como se ama no céu, no mundo te ama;

Se a teus mimosos lábios, quando as Musas
Nas ternas aflições vêm consolá-lo,
Sorriso aprovador merece Elmano;
Se no mole regaço deleitoso
Acolhes do teu vate a doce lira
Quando os sons lhe falseia a mão dormente;
Que tenho com os mais, que têm comigo?
Que me importam, querida, a voz da Fama,
As críticas do sábio, as invectivas
Dos Zoilos vis, dos Bávios de Ulisseia,
Gralhas, que entre pavões se não confundem,
Inda que astutas, iludindo os néscios,
Vestem pomposas, fulgurantes plumas?
Ou que me importa o público juízo?
Amante, e não autor, desdenho, ó Márcia,
Uma inquieta glória, um árduo nome,
Nada sou: minha Musa às vezes leda,
Leda, ou antes cansada de carpir-se,
Cuida somente em adoçar meus males,
Os séculos por vir, e o seu não teme.
Pungidos de fantástica vaidade
Outros lidem, padeçam, velem, suem,
Matem-se por viver além da morte;
Que eu não quero comprar como eles compram
Imaginários bens por males certos.

Fagueira, linda Márcia, quando o Fado
Vier coa negra mão tocar meu rosto,
Sumir-me para sempre à luz do dia;
Quando teus braços melindrosos derem
Suave encosto à lânguida cabeça
Do descorado moribundo amigo,
E os frouxos olhos seus, metade abertos,
Turvo clarão vital forem perdendo;

Quando enfim minhas mãos em vão tentarem
Secar teus prantos, serenar teus olhos,
Fitos no leito da benigna morte,
E à boca o solto espírito acudindo
Colher nessa, que adoro, o derradeiro
Ósculo teu dulcíssimo, e piedoso;
Não, não permitas que funérea pompa
Me alumie a serena escuridade,
Nem que por mãos venais alvoroçado
O bronze atroador publique a todos
Que mais um dos mortais volveu à terra.
No meu asilo incógnito, e seguro,
Vivendo para os outros indif'rente,
Sobre as minhas ações um véu lhe corro:
Qual fui na vida quero ser na morte,
Contanto que a fiel, a afável Márcia
Dê honra às cinzas do amoroso Elmano,
Com suspiros, com lágrimas, e habitem
Memórias minhas na memória dela.

Tu, dos cuidados meus primeiro objeto,
Anália desleal, encantadora,
Que do vário Martínio te cegaste,
Ouvindo que morri, talvez que folgues!
Depois que a Morte amiga houver talhado
De meus dias fatais a débil teia;
Depois que mudo, e fúnebre jazigo
Meus males encerrar, e os meus extremos,
Ide, Amores gentis, onde verdeja
A amena, salutífera Colares,
De mil benignos zéfiros lavada,
E ante a falsa, que adoro, ali pousando,
Dizei-lhe: – "Exulta, ingrata! Elmano é morto;
Mas o céu tem poder, justiça, e raios,

O céu castigará teu vil perjúrio,
O céu..." Não, sumo Jove, eu lhe perdoo,
Eu perdoo ao meu bem; não, não me vingues!
Antes aos puros, luminosos dias
De que ela goza em paz, antes, oh nume,
Une os dias de gosto, e de ventura,
Que eu desfrutara, se a cruel não fosse!

A ANÁLIA

Depois que derramaste em meus delírios
O orvalho da piedade, Anália minha,
Chamou-me a densa noite aos tristes lares,
Tristes sem ti, meu bem, feios, e escuros;
Dignos porém de Jove, e céus de Elmano,
Se abrilhantados por teus olhos fossem,
Se o doce peso de teu pé sentissem!

Toda em ti recolhendo a fantasia,
Achando amor, e a vida em ti somente,
E o mundo, a natureza, o fado, a glória:
Sonhos julgando o mais, o mais fantasmas,
Cevei meu coração na tua imagem,
Na ideia de teus mimos, de teus lábios,
Dos lábios que desatam dentre as rosas
Em áureas fontes as delícias d'alma!

Engolfada a paixão num mar de encantos,
Ao solitário leito o corpo entrego,
Fatigo o pensamento, e cerro os olhos.
Eis que o falaz Morfeu, cem vezes brando,
Mil vezes (ai de mim!) duro aos amantes,
Do teu fido amador te expõe defronte

Raivosa, fulminante, inexorável,
Da boca em vez de néctar fel soltando,
Coas fúrias, e coa morte a abrir meus fados,
A revolver o horror que tinham dentro,
A enegrecer meus dias, a ostentar-me
Num desprezo cruel males sem conto,
O Inferno todo num adeus terrível.

Tremeu-me o coração, qual treme a folha,
Que os rápidos tufões bramando agitam;
Arrepio-me, e suo, e choro, e clamo:
"Ai! Cumpriram-se, Anália, os meus destinos!
Foges de mim, de Amor; nem fé, nem votos,
Nem lágrimas, nem ais teu peito abrandam,
Esse, que outrora ao mínimo queixume
Em meigas sensações se amolecia!
Anália, doce ardor de meus sentidos,
Dos olhos do infeliz, que tanto amavas,
Não valem para ti, não valem prantos.

Céus! O que era! O que sou! Fui rei, fui nume
Quando, mais numes que eu, teus olhos davam
À minh'alma outro ser, quando embebidos
Nos voos, que soltou meu pensamento,
A luz toldavam de amorosas sombras,
Ou, bálsamo de Amor, caiu teu pranto
Sobre meu coração, e à doce chaga
Foi refrigério salutar, divino.

Oh mudança fatal! Mudança horrenda!
Negro Ciúme, produção do Averno,
Tu, de serpes c'roado, envolto em chamas,
Do sempiterno horror surgindo à terra,
Mil fúrias, mil delírios me entranhaste;

Dentro em mim fibra, e fibra atassalhando,
Tua essência me deste, eu sou tu mesmo.

Trouxesses-me, cruel, a insânia, o fogo:
A dor, o último golpe, e não trouxesses
Ao mísero amador contigo o crime;
Não me ensopasse teu veneno a língua,
Não fervessem na voz blasfêmias tuas,
O mimo, a candidez não profanasses
Daquela por quem vivo, e por quem morro,
Daquela que ultrajei, porém que adoro,
Daquela em cujas iras, quando as sofro,
De um Deus, que pune, se me antolha o raio:
Daquela... o coração coa dor não pode,
Não pode co remorso, e nas angústias,
E nas palpitações dilata o golpe,
O golpe que só tem na morte a cura;
Se há morte para os tristes, se o Destino
Não dá (porque os tormentos lhe eternize)
Existência de ferro aos desgraçados.

Ai, Anália, ai meu bem, meu céu, meu tudo!
Inda que de meu mal teriam feras
Compaixão, que não tens, e os meus suspiros
Marpésia rocha tornariam branda,
Nunca, nunca de mim te compadeças,
Insensível contempla, ouve insensível
Minha extrema aflição, meus ais extremos;
Vê-me tintos de morte a face, os olhos;
Sente-me a voz perder-se entre soluços,
Ir-me fugindo a luz por sombra imensa,
A luz vital, e a chama endeusada,
Estro incansável, que, fervendo, erguia
Ao céu minha ternura, ao céu teu nome,

E tantas vezes já foi grato enleio,
Ímã suave, que atraiu teu gosto,
Que a tua alma enlaçou... não, minha amada,
O misérrimo estado em que hás de olhar-me
Uma lágrima só te não mereça.
Nenhum castigo expia atrozes crimes,
Sou réu, sou réu de Amor, e Amor me pune.
Adoro, beijo a mão que me fulmina,
Cedo a meus fados, a teus olhos cedo,
Que teus olhos, Anália, são meus fados:
Deles vivia Elmano, e deles morre.

Mas quando os membros meus já forem cinzas
Na estância do pavor, co pé mimoso
Pisa a funérea campa, e diz: 'Amei-te,
Amaste-me, infeliz: matou-te amar-me'.
Este o só galardão, que Elmano implora,
Este o só galardão, que entre os horrores
Da eterna escuridade, entre os fantasmas
Do abismo tenebroso há de suprir-me
O céu, teus olhos... morro... adeus, querida!"

Não pude prosseguir, – e um grito, um grito
Todo amor, todo teu, me voa, e rompe
Do horrível pesadelo o férreo laço.
Somem-se as larvas da ilusão medonha,
Em minh'alma outra vez a imagem tua
De sorrisos, de amores brilha ornada,
De constância, de fé. Respiro, exclamo:
"Anália o disse, o jura, Anália é minha;
A promessa de Jove é como a sua:
Oh céus! Vós não mentis, nem mente Anália."

EPÍSTOLA A MARÍLIA

I

Pavorosa ilusão da Eternidade,
Terror dos vivos, cárcere dos mortos;
D'almas vãs sonho vão, chamado inferno,
Sistema da política opressora,
Freio que a mão dos déspotas, dos bonzos,
Forjou para boçal credulidade;
Dogma funesto, que o remorso arreigas
Nos ternos corações, e paz lhe arrancas;
Dogma funesto, detestável crença,
Que envenenas delícias inocentes,
Tais como aquelas que no céu se fingem!
Fúrias, Cerastes, Dragos, Centimanos,
Perpétua escuridão, perpétua chama,
Incompatíveis produções do enganos,
Do sempiterno horror terrível quadro,
(Só terrível aos olhos da ignorância):
Não, não me assombram tuas negras cores;
Dos homens o pincel e a mão conheço.
Trema de ouvir sacrílego ameaço
Quem dum Deus, quando quer, faz um tirano;
Trema a superstição; lágrimas, preces,
Votos, suspiros arquejando espalhe,
Cosa as faces co'a terra, os peitos fira,
Vergonhosa piedade, inútil vênia
Espere às plantas do impostor sagrado,
Que ora os infernos abre, ora os ferrolha;
Que às leis, que às propensões da natureza,
Eternas, imutáveis, necessárias,
Chama espantosos, voluntários crimes;
Que às ávidas paixões, que em si fomenta,

Aborrece nos mais, nos mais fulmina;
Que molesto jejum, roaz cilício
Com despótica voz à carne arbitra,
E, nos ares lançando a fútil bênção,
Vai do grão tribunal desenfadar-se
Em sórdido prazer, venais delícias,
Escândalo de Amor, que dá, não vende.

II

Oh Deus, não opressor, não vingativo,
Não vibrando com a dextra o raio ardente
Contra o suave instinto que nos deste;
Não carrancudo, ríspido arrojando
Sobre os mortais a rígida sentença,
A punição cruel, que excede o crime,
Até na opinião do cego escravo,
Que te adora, te incensa e crê que és duro!
Monstros de vis paixões, danados peitos,
Regidos pelo sôfrego interesse,
(Alto, impassivo númen!) te atribuem
A cólera, a vingança, os vícios todos,
Negros enxames, que lhe fervem n'alma!
Quer sanhudo ministro dos altares
Dourar o horror das bárbaras cruezas,
Cobrir com véu compacto e venerando
A atroz satisfação de antigos ódios,
Que a mira põem no estrago da inocência,
Ou quer manter aspérrimo domínio,
Que os vaivéns da razão franqueia e nutre:
Ei-lo, em santo furor todo abrasado,
Hirto o cabelo, os olhos cor de fogo,
A maldição na boca, o fel, a espuma;
Ei-lo cheio de um Deus tão mau como ele,

Ei-lo citando os hórridos exemplos
Em que aterrada observe a fantasia
Um Deus o algoz, a vítima o seu povo.
No sob'olho o pavor, nas mãos a morte,
Envolto em nuvens, em trovões, em raios,
De Israel o tirano onipotente
Lá brama do Sinai, lá treme a terra!
O torvo executor dos seus decretos,
Hipócrita feroz, Moisés astuto,
Ouve o terrível Deus, que assim troveja:
"Vai, ministro fiel dos meus furores!
Corre, voa a vingar-me; seja a raiva
De esfaimados leões melhor que a tua;
Meu poder, minhas forças te confio,
Minha tocha invisível te precede,
Dos ímpios, dos ingratos que me ofendem,
Na rebelde cerviz o ferro ensopa;
Extermina, destrói, reduz a cinzas
As sacrílegas mãos que os meus incensos
Dão a frágeis metais, a deuses surdos;
Sepulta as minhas vítimas no inferno,
E treme, se a vingança me retardas!..."
Não lha retarda o rábido profeta;
Já corre, já vozeia, já difunde,
Pelos brutos, atônitos sequazes,
A peste do implacável fanatismo;
Armam-se, investem, rugem, ferem, matam.
Que sanha! que furor! que atrocidade!
Foge dos corações a natureza;
Os consortes, os pais, as mães, os filhos
Em honra do seu Deus consagram, tingem,
Abominosas mãos no parricídio;
Os campos de cadáveres se alastram,
Sussurra pela terra o sangue em rios,

Troam no polo altíssimo clamores.
Ah! Bárbaro impostor, monstro sedento
De crimes, de ais, de lágrimas, d'estragos;
Serena o frenesi, reprime as garras
E a torrente de horrores que derramas,
Para fundar o império de tiranos,
Para deixar-lhe o feio, o duro exemplo
De oprimir seus iguais com férreo jugo.
Não profanes, sacrílego, não manches
Da eterna divindade o nome augusto!
Esse, de quem te ostentas tão valido,
É Deus do teu furor, Deus do teu gênio,
Deus criado por ti, Deus necessário
Aos tiranos da terra, aos que te imitam,
E àqueles que não creem que Deus existe.

III

Neste quadro fatal, bem vês, Marília,
Que, em tenebrosos séculos envolta,
Desde aqueles cruéis, infandos tempos,
Dolosa tradição passou aos nossos.
Do coração, da ideia, ah! desarreiga
De astutos mestres a falaz doutrina,
E de crédulos pais preocupados
As quimeras, visões, fantasmas, sonhos.
Há Deus, mas Deus de paz, Deus de piedade.
Deus de amor, pai dos homens, não flagelo;
Deus, que às nossas paixões deu ser, deu fogo
Que só não leva a bem o abuso delas,
Porque à nossa existência não se ajusta,
Porque inda encurta mais a curta vida.
Amor é lei do Eterno, é lei suave;
As mais são invenções, são quase todas

Contrárias à razão e à natureza,
Próprias ao bem d'alguns e ao mal de muitos.
Natureza e razão jamais diferem;
Natureza e razão movem, conduzem
A dar socorro ao pálido indigente
A pôr limite às lágrimas do aflito,
E a remir a inocência consternada,
Quando nos débeis, magoados pulsos
Lhe roxeia o vergão de vis algemas.
Natureza e razão jamais aprovam
O abuso das paixões, aquela insânia,
Que, pondo os homens ao nível dos brutos,
Os infama, os deslustra, os desacorda.
Quando aos nossos iguais, quando uns aos outros
Traçamos fero dano, injustos males,
Em nossos corações, em nossas mentes,
És, oh remorso, o precursor do crime.
O castigo nos dá antes da culpa,
Que só na execução do crime existe,
Pois não pode evitar-se o pensamento,
E é inocente a mão que se arrepende.
Não vêm só dum princípio ações opostas:
Tais dimanam de um Deus, tais do exemplo,
Ou do cego furor, moléstia d'alma.

IV

Crê, pois, meu doce bem, meu doce encanto,
Que te anseiam fantásticos terrores,
Pregados pelo ardil, pelo interesse.
Só de infestos mortais na voz, na astúcia,
A bem da tirania está o inferno.
Esse que pintam báratro de angústias,
Seria o galardão, seria o prêmio

Das suas vexações, dos seus embustes,
E não pena de amor, se inferno houvesse.
Escuta o coração, Marília bela,
Escuta o coração, que te não mente.
Mil vezes te dirá: "Se a rigorosa,
Carrancuda expressão de um pai severo,
Te não deixa chegar ao caro amante
Pelo perpétuo nó, que chamam sacro,
Que o bonzo enganador teceu na ideia
Para também no amor dar leis ao mundo;
Se obter não podes a união solene,
Que alucina os mortais, porque te esquivas
Da natural prisão, do terno laço
Que com lágrimas e ais te estou pedindo?
Reclama o teu poder, os teus direitos,
Da justiça despótica extorquidos;
Não chega aos corações o jus paterno,
Se a chama da ternura os afogueia;
De amor há precisão, há liberdade.
Eis, pois, do temor sacode o jugo,
Acanhada donzela; e do teu pejo,
Destra iludindo as vigilantes guardas,
Pelas sombras da noite, a amor propícias,
Demanda os braços do ansioso Elmano,
Ao risonho prazer franqueia os lares.
Consista o laço na união das almas;
Do ditoso himeneu as venerandas,
Caladas trevas testemunhas sejam;
Seja ministro o Amor e a terra templo,
Pois que o templo do Eterno é toda a terra.
Entrega-te depois aos teus transportes,
Os opressos desejos desafoga,
Mata o pejo importuno; incita, incita
O que só de prazer merece o nome.

Verás como, envolvendo-se as vontades,
Gostos iguais se dão e se recebem.
Do júbilo há de a força amortecer-se,
Do júbilo há de a força aviventar-te.
Sentirás suspirar, morrer o amante,
Com os seus confundir os teus suspiros;
Há de morrer e reviver com ele.
De tão alta ventura, ah! não te prives,
Ah! não prives, insana, a quem te adora".
Eis o que hás de escutar, ó doce amada,
Se à voz do coração não fores surda.
De tuas perfeições enfeitiçado,
Às preces, que te envia, eu uno as minhas.
Ah! faze-me ditoso e sê ditosa.
Amar é um dever, além de um gosto,
Uma necessidade, não um crime,
Qual a impostura horríssona apregoa.
Céus não existem, não existe inferno:
O prêmio da virtude é a virtude,
É castigo do vício o próprio vício.

UMA SÉRIE COM MUITA HISTÓRIA PRA CONTAR

Alexandre, o Grande, Pierre Briant | **Budismo**, Claude B. Levenson | **Cabala**, Roland Goetschel | **Capitalismo**, Claude Jessua | **Cérebro**, Michael O'Shea | **China moderna**, Rana Mitter | **Cleópatra**, Christian-Georges Schwentzel | **A crise de 1929**, Bernard Gazier | **Cruzadas**, Cécile Morrisson | **Dinossauros**, David Norman | **Economia: 100 palavras-chave**, Jean-Paul Betbèze | **Egito Antigo**, Sophie Desplancques | **Escrita chinesa**, Viviane Alleton | **Existencialismo**, Jacques Colette | **Geração Beat**, Claudio Willer | **Guerra da Secessão**, Farid Ameur | **História da medicina**, William Bynum | **Império Romano**, Patrick Le Roux | **Impressionismo**, Dominique Lobstein | **Islã**, Paul Balta | **Jesus**, Charles Perrot | **John M. Keynes**, Bernard Gazier | **Kant**, Roger Scruton | **Lincoln**, Allen C. Guelzo | **Maquiavel**, Quentin Skinner | **Marxismo**, Henri Lefebvre | **Mitologia grega**, Pierre Grimal | **Nietzsche**, Jean Granier | **Paris: uma história**, Yvan Combeau | **Primeira Guerra Mundial**, Michael Howard | **Revolução Francesa**, Frédéric Bluche, Stéphane Rials e Jean Tulard | **Santos Dumont**, Alcy Cheuiche | **Sigmund Freud**, Edson Sousa e Paulo Endo | **Sócrates**, Cristopher Taylor | **Tragédias gregas**, Pascal Thiercy | **Vinho**, Jean-François Gautier

L&PMPOCKET**ENCYCLOPÆDIA**
Conhecimento na medida certa

IMPRESSÃO:

Santa Maria - RS - Fone/Fax: (55) 3220.4500
www.pallotti.com.br